AF313645

L'AVOCAT

POUR et CONTRE,

OU

RESUMÉ HISTORIQUE

ET

PHILOSOPHIQUE

De tout ce qu'on a écrit fur la liberté du Commerce des munitions navales ;

SUIVI

Du JUGEMENT des PLAIDEURS.

A BRUXELLES & dans toutes les Villes des PAYS-BAS.

MDCCLXXIX.

L'APOLOGIE

DE

L'AUTEUR.

On a écrit, écrit, écrit & encore écrit sur les affaires présentes qui agitent la République des Provinces-Unies. Toutes ces brochures se répétent ou à peuprès : chacune séparément n'apprend rien ; & toutes ensemble, quand on auroit le courage de les lire, n'apprendroient pas grand' chose. J'ai cru que les amateurs de ces contes polémiques me sauroient quelque gré, si je rassemblois, dans une seule brochure, toutes les raisons, objections, réponses des deux partis, & si je rapprochois, dans un petit Tableau philosophique & politique, toute l'histoire des débats depuis leur origine jusqu'à ce jour qu'ils semblent terminés par la décision des Etats-Généraux. On pourra lire avec plaisir l'origine des colonies de l'Amérique septentrionale & le sujet de leur rupture avec la métropole. J'ai feint, pour colorier mon tableau & en éloigner la monotonie mere de l'ennui & du sommeil, des Plaidoyers dans lesquels deux personnages illustres discutent leurs interêts en présence des Etats-Généraux. Il faut un Rapporteur pour rallier les raisons des deux partis, les débarasser de l'amphigouri épisodique dont les Plaideurs ont soin d'embarasser leurs moyens, & les balancer aux yeux des juges. Je n'ai cru personne plus propre à remplir cet emploi que le representant d'une province qui a joué un grand

* 2

rôle dans toute cette affaire. Enfin j'ai mis dans la bouche d'un Chef cher à la nation, l'esprit de la délibération des Etats qu'aucun auteur n'avoit encore foupçonné. Tous ceux qui ont écrit pour ou contre, n'ont donné aux Etats qu'un mouvement précaire & paffif, comme s'ils n'avoient pas la force de penfer & qu'ils fuffent un automate dont l'Angleterre & la France montent les refforts. , C'eft un outrage qu'on leur a fait, un outrage qu'ils n'ont point mérité, un outrage vengé par l'expérience du paffé. J'efpère que perfonne n'envenimera mon intention, car elle eft pure & je ne veux déplaire à qui que ce foit. La politique que je prête à mes acteurs ne peut porter atteinte à leurs vertus; dès longtems on eft convenu que la politique eft la fauffeté annoblie, & l'on fépare les qualités politiques des vertus domeftiques. J'ai bien, chemin faifant, touché à quelques vices politiques; mais les écrivains n'ont-ils pas le droit fublime de porter le flambeau de la vérité? Il ne bleffe que ceux dont les yeux n'ofent la fouffrir. L'ami des hommes, un cœur pur peut commettre des fautes, mais il chérit toujours celui qui l'éclaire. La vérité n'eft que la Satyre des cœurs corrompus. Ma plume ne connoît d'entraves que celles des mœurs & de la décence, je parle aux hommes & je n'en vois aucun. Les vices ne me cachent point les vertus, & le blame de ceux-là épure l'hommage que je rends à celles-ci.

L'AVOCAT
POUR ET CONTRE,

OU

RÉSUMÉ HISTORIQUE ET PHILOSOPHIQUE *de tout ce qu'on a écrit fur la liberté du commerce des munitions navales;*

Suivi du jugement de la

FABLE DES PLAIDEURS;

Pour terminer toutes les querelles polémiques.

MM. les Réprefentans des deux Puiffances intéreffées font chacun leur Plaidoyer ; M. le Grand P........ de H........ fait les fonctions de Rapporteur, & M. le S....... dicte & prononce la décifion.

---

*Plaidoyer de Sir J....... Y.......
A...... d'A......*

HAUTS ET PUISSANTS SEIGNEURS,

IL eut été plus convenable fans doute & plus naturel que je me fuffe exprimé dans la langue du Pays où je parle & de ceux à qui je fais des demandes: je l'eus fait, mais M. L'A..... de F..... ne m'eut point entendu.

A

C'eſt dans ſa langue que je vais expoſer devant vos hautes Puiſſances les interêts de ma nation, les vôtres & les vues ambitieuſes du roi qu'il repreſente : moins au fait que ſon Excellence du genie & de la fineſſe du langage qu'il apprit au ſein qui l'alaita, je n'aurai pour moi que mon droit & la raiſon. Ils me ſuffiſent, & je lui laiſſe volontiers les graces du Style, les fleurs de l'école & ces éclats brillants néceſſités par la foibleſſe, enfantés par la légereté & détruits par la réflexion. C'eſt à la vôtre, HH. & PP. SS. que j'en appelle. Je commence.

Je ne rappellerai point à vos HH. PP. l'amitié de pluſieurs ſiécles qui unit les deux nations, nœud fortifié par la conſanguinité, ſoutenu par les rapports de la Religion, des mœurs, des uſages, des manieres, reſſerré ſous le même chef pendant pluſieurs années de gloire & aſſuré par leurs intérêts reſpectifs.

Je ſais que des Auteurs que leurs dettes ou des crimes répandent dans tous les Pays du monde, pour le malheur de ſes habitans & que la France occupe dans ſes beſoins, ont avancé malignement des faits démentis par l'expérience & l'autenticité de l'hiſtoire. Ils ont fait des ſarcasmes, eſprit de leur nation, à l'abri de la liberté & du mépris, & ſe ſont prévalus de la foibleſſe de trois Princes (*) déſavoués par une nation, qui, pour trop aimer ſes Rois, s'eſt vue prête de perdre ſa Majeſté. Ces faits, hauts & Puiſſants Seigneurs, vous ſont connus. L'acharnement à vouloir perſuader eſt le

---

(*) Charles I, Charles II, & Jacques I.

type de l'impofture & je dois m'occuper d'inte+rêts plus preffans.

M. L'A..... de F..... fe remue, s'agite, cabale, promet la protection de fon maître, brouille autant qu'il peut. Son but eft d'éloigner vos HH. PP. de la Grande Bretagne, de brifer vôtre union, de vous affoiblir par des emprunts & de porter dans vôtre fein le couteau tyrannique qui a partagé la Pologne & celui qui vient de démembrer le Palatinat. Ses appas trompeurs ont déja déçu une partie de la Province de Hollande, il a fu amener deux autres villes à la foibleffe de folliciter fa protection, & il va dictant les reprefentations que différentes Provinces doivent faire aux Etats Généraux. Mais cette faveur de commerce tant vantée, tant follicitée n'eft qu'une illu-fion & les négociants d'Amfterdam commen-cent à reconnoître qu'ils n'ont embraffé qu'un fantôme. Ces marchandifes allégées de l'impôt extraordinaire, diminuent de prix en proportion des impofitions auxquels elles font affujé-ties dans l'intérieur du Royaume, pour compenfer la diminution dont on les gratifie dans les ports. Le Roi reçoit du débitant la fomme qu'il a refufé de prendre de l'armateur, & foit que celui-ci avance l'impôt, foit qu'il foit repris fur le détaillant ou fur le confomma-teur, la marchandife paye toujours les frais. L'avidité des fermiers ne lâche point fa proye & les Miniftres font trop prudents pour leur déplaire. La ferme, ce corps monftrueux dont la bafe eft affife fur la corruption & l'aviliffe-ment des peuples, étend fon influence vénéneu-fe fur tous ceux qui gouvernent l'Etat. Il les achete tous, il achete le Roi même qui ne s'en doute pas, & si, parmi tant d'esclaves, il naît un homme ami des mœurs & de la liberté, on triomphe bientôt de sa vertu & on lui fait de son innocence un crime qui le perd. *Il faudra qu'il succombe, car il n'y a que moi qui le soutient,* disoit Louis XV. d'un Ministre vertueux (*). Quel Etat ! Quel Roi !

Et ce sont ces Ministres dont les membres foiblissent sous le poids de tant de chaînes qui protégent la liberté ! qu'elle idée en ont-ils ? un Chancelier orgueilleux renverse les constitutions de la nation, répond aux cris du peuple par des ordres de violence, abandonne sa fortune & sa vie à l'ignorance qu'il gage, etouffe dans des cachots la voix de l'homme qui réclame au nom de l'humanité, fait entrer des soldats dans un temple consacré à la douceur, la clemence, la justice & la paix, éleve un roi foible sur le trône du despotisme pour disposer à ses pieds de la verge de fer. Un tribunal informe, qui, sans jurisdiction, s'en arroge une sur les débris de toutes les autres ; qui soudoye, par une infame politique, & le crime & les vices ; qui seme des épines sous les pas des citoyens ; qui les arme les uns contre les autres ; qui les éloigne par la méfiance & la terreur, qui leve des impôts sur la ruine des familles, la honte & la pudeur ; qui n'a de loix que l'arbitraire du juge qui y préside seul, juge toujours fier parce qu'il n'eut rien, oppresseur pour se donner de la consistance, injuste pour plaire aux grands ;

(*) M. de Monteynard, Ministre de la guerre.

la Police, en un mot, embraſſe, fait trembler
& opprime tous les ſujets. Des privileges ſans
nombre enchaînent l'induſtrie & les facultés des
hommes ; les privilégiés attendent leur ruine
d'autres priviléges que l'avarice accorde; bientôt abolis, quand le ſuccès les couronne, le gouvernement s'approprie les fruits de l'inven-
tion, de l'activité, de la dépenſe de ceux qui
l'avoient payé pour en jouir paiſiblement. Et
cette nation qui ne peut reſpirer librement,
qui ſe laiſſe arracher tous ſes droits, envahir
tous ſes biens, opprimer ſans qu'elle le ſente,
préconiſe la liberté & chante ſes prétendus héros. Elle arme des enfans contre ceux qui
leur ont donné l'être, des amis contre des amis,
des freres contre des freres. Le ſang, la re-
connoiſſance, le ſentiment, la raiſon récla-
ment contre tant d'horreurs & c'eſt-ce qu'ils
appellent protéger la liberté, rendre l'homme
à lui même, abaiſſer un oppreſſeur altier.

Puiſſants Seigneurs, & vous les croiriez, &
vous croiriez l'Ambaſſadeur de France quand,
avec la même juſteſſe & la même vérité, il vous
repreſente les avantages que vous retireriez
d'une liaiſon avec les Américains: vôtre ſageſſe
vous en fait ſuffiſamment éclairer l'inſidieux,
pour qu'il me ſoit beſoin de m'appéſantir ſur
les raiſons qui doivent vous la rendre funeſte.
La perte de vos colonies & de vôtre commerce
eſt la ſuite de l'avis que l'on vous donne.

L'indépendance de l'Amérique entiere eſt le
deſir de la France & le but de ſa politique.
Qu'a-t-elle à perdre? Quelques Iſles que la
Grande Bretagne a refuſées, qui flétriſſent ſous
ſon eſclavage & dont l'entretien lui eſt onéreux.

Au commencement du régne actuel, on agita dans le conseil de Versailles si l'on remettroit aux Isles de sa domination le droit de se gouverner, de se défendre & de commercer dans tous les ports étrangers, ne se réservant sur elles que la préponderance de la protection.

Il est évident que la France affoiblira sensiblement le pouvoir & l'influence de toutes les puissances de l'Europe en faisant diversion en Amérique, elle commercera librement dans toute son étendue, fera perdre à l'Espagne & à l'Angleterre des empires immenses, des établissemens florissants aux sept Provinces, & avec un terrein fertile, riche, vaste & peuplé, son ambition la guidera encore vers la monarchie universelle.

C'est pour s'opposer à la marche insultante de son despotisme, que vos hautes Puissances ont plusieurs fois recherché l'alliance de la Grande Bretagne, le seul rempart de la liberté que la France ôse respecter. Quelques vues particulieres, quelques momens d'erreur & d'aveuglement, quelques circonstances inévitables dans le cours des événemens humains ont pu faire méconnoître à la République ses vraies interêts & l'éloigner de son alliée naturelle; mais le tems, la réflexion, l'ordre des choses, les malheurs de l'expérience l'ont ramenée à des liens qu'elle n'auroit jamais dû rompre. M. de Witt, le plus grand genie politique que les sept Provinces aient vu naître, fut trompé par les fausses protestations de Louis XIV, & son erreur trop tard reconnue mit l'état à deux doigts de sa perte.

Nous avons eu des traités avec vos hautes

Puissances, depuis que vôtre indépendance a été reconnue & que M. Caron fut reçu à la cour de Londres en qualité de Miniſtre d'un Etat libre. Les interêts & la sureté reſpective des deux puiſſances ont toujours veillé à leur conſection, ſi l'on en excepte quelques articles du Traité de Marine du 1. Décembre 1674, que des vues ſordides & deſtructives dicterent contre le vœu des deux nations; mais qui furent redreſſés dans le Traité d'alliance de 1678, conclu à Weſtminſter le 3 Mars, dans celui de 1688 pour renouveller toutes les alliances entre les Puiſſances maritimes, dans celui du 6 Février 1716 ſigné à Weſtminſter, dans celui de Weſtminſter encore du 27 Mai 1728, & celui de Vienne du 20 Février 1731 auquel les Etats-Généraux ont accédé.

L'obſervance des traités a toujours été ſacrée pour la Grande Bretagne. Et lorſqu'elle les reclame, elle ne s'attendoit point à voir ſon alliée, pour ſe ſouſtraire à leur exécution, l'accuſer de mauvaiſe foi, de perfidie, & lui donner, pour prévenir le reproche, des noms flétriſſans, qu'avec moins de prévention, elle pourroit mieux appliquer.

C'eſt ici, HH. & PP. SS. que je ſollicite toute votre attention. Il ne s'agit plus d'un avenir incertain, d'un ſens louche qui ſert d'aliment à des commentateurs intéreſſés, d'une hypotheſe brillante dont la réalité n'eſt appuyée que ſur l'éloquence du Rhéteur qui la ſuppoſe. Ce ſont des faits que je vais analyſer, des faits que votre ſageſſe a muris, qui vous ont valu des avantages, dont vôtre ſignature a garanti la validité, connus de l'Europe entiere. Envain les difcours fpécieux de la France & fes promeffes illufoires veulent-ils appuyer les fauffes prétentions de quelques négociants plus au fait du commerce que des droits des peuples & de ceux de leur nation. Il eft tems que l'évidence éclipfe les fophismes. Ce n'eft point à des Miniftres toujours occupés de l'erreur dans le filence du Cabinet que je vais parler, c'eft à un Etat libre, c'eft aux nations trop longtems trompées par des defpo-tes. Venons au point de la queftion.

Demande de l'Angleterre.

Les négociants fujets de vos hautes Puiffan-ces portent à l'ennemi de ma patrie des muni-tions navales pour entretenir fes forces, les augmenter, alimenter le feu de la guerre & travailler à nôtre deftruction; & ces négociants font nos alliés!

Cettte conduite peut-elle être conçue non feulement par l'homme politique, mais par le Sauvage qui n'a d'autres notions du droit que celles de fa confervation? Que diroit-il au Sau-vage fon ami, qui, lui prêtant fon bras pour le défendre, vendroit à fon ennemi des flêches pour l'exterminer? S'amuferoit-il aux reprefen-tations?

Mais puifque la raifon doit modérer chez l'homme civilifé les premiers mouvemens de l'homme jufte & fauvage, l'Angleterre repre-fente que la conduite des négociants eft con-traire à la juftice, aux droits de l'amitié, à l'efprits des traités à leurs termes mêmes: elle combat, avec douceur, les objections qu'ils font maître, & cherche à diffiper le voile épais dont la fubtilité, la fraude & la chicane ont embaraffé la vérité. Je vais m'occuper de ces objections dont la bafe eft pofée fur le fable le plus léger.

Objections des négociants Hollandois.

. Les négociants s'appuyent d'un traité fait pour protéger leur commerce qui fut conclu le premier Décembre 1674, entre la Grande Bretagne & les Etats-Généraux. L'article IV eft conçu en ces termes..... „ Permet la libre exportation de l'or, de l'argent monnoyé ou non monnoyé, de toutes fortes de métaux & des munitions navales, même à l'ennemi de. l'une des parties contractantes."

Or que nous importe, difent-ils, que l'Angleterre fouffre ou non; nous fommes fes amis, il eft vrai, mais à nos interêts près. Voici un traité qui permet le libre commerce des munitions navales & nous ferons ce commerce, dût périr l'Angleterre, dût perir la République, fi nos richeffes nous demeurent.

O Hollandois! Si l'Angleterre périt, la République périt; je vous l'ai démontré, la Grande Bretagne eft le rempart de vôtre liberté & de vôtre bonheur, & fi la République n'eft plus, c'en eft fait de vos richeffes, vous ne les avez amaffées qu'à l'ombre des ailes de la liberté; mais fi vous êtes fourds aux cris de la Patrie, fi le moment préfent eft le feul qui vous frape, fi les traités feuls font vôtre ralliement; tenez vous y, je le veux bien & voyez s'ils font d'accord avec la raifon, avec vos interêts,

ils defendent un commerce fatal à l'Angleterre, fatal à la République.

Moyens de l'Angleterre.

Les traités conclus entre des Souverains ne
font fujets à aucune prefcription, à aucune in-
validité, ils ne meurent qu'avec l'état qui les
a contractés, je le fais & l'accorde. Cependant les fouverains, d'un commun accord, ont
le droit de les annuler ou de les corriger par
de nouveaux traités ou refcrits, fi des défauts
ou les circonftances l'exigent. C'eft un abus
de croire que la Souveraineté eft infaillible;
laiffons ces idées foles aux vils fuppôts de l'erreur & du defpotifme. L'autorité vient de
l'homme & l'homme fait monter fa foibleffe fur
le thrône, le Ciel contemple & le maître &
l'efclave, & gémit fur l'humanité, il eft trop
jufte pour lui donner des fers.

L'article IV du Traité de 1674 eft évidem-
ment contraire aux interêts de la Grande Bretagne & de la République, puifqu'il répugne
de fervir l'ennemi de fon allié; on revint de
l'erreur qui l'avoit dicté & les articles II, IV,
V, VI, VII & VIII du Traité de 1678 y dé-
rogerent. L'obligation mutuelle de s'affifter &
défendre l'un l'autre eft clairement fpécifiée
dans ce dernier; les interêts de la navigation &
du commerce tant par terre que par mer n'y
font point oubliés, fi l'un des deux alliés eft
attaqué par un ennemi, l'autre eft obligé de
rompre avec l'aggreffeur & de fournir à fon allié un fecours puiffant; il doivent fe concerter
fur les moyens les plus propres pour nuire à

l'ennemi commun, foit par voye de diverfion
ou autrement. Or es-ce fervir fon allié que de
fournir à fon ennemi des fecours contre lui?

Cette dérogeance expreffe à l'article IV, du
traité de 1674 eft confirmée par le traité de
1688 qui fuivit la révolution qui plaça Guillaume fur le thrône, & notamment par celui
de 1716, où il eft clairement fpécifié que les
traités précédens auront force & valeur en tout
ce qui ne différe pas ou n'eft pas contraire au
préfent traité, qui ratifie un article fecret de
1674 qui deffend ,, à aucune des deux parties
contractantes, de donner ou confentir qu'aucun
de fes fujets ou habitans donne aucun fecours
faveur ou Confeil, directement ou indirecte-
ment, par terre, par mer, ou fur les rivieres
& de fournir ou ne confentir qu'aucun de fes
fujets & habitans de fa domination, fourniffe
aucuns vaiffeaux, foldats, matelots, provifions,
argent, inftrumens de guerre, poudre à canon,
ou aucune autre chofe néceffaire pour faire la
guerre aux ennemis de l'autre''. Les traités de
Weftminfter de 1728 & de Vienne de 1731
maintienent le même article, & tous infirment
l'article IV de celui de 1674 que Charles II
trop porté pour les intêrets d'un Prince qui
l'achetoit, avoit conclu dans le délire du despotifme.

Quand la dérogéance ne feroit point formel-
le, quand ces traités contradictoires ne fe dé-
truiroient point, ce qu'il implique, quand l'on
pourroit fe prévaloir de l'un & de l'autre également; auffitôt que les deux parties font divi-
fées fur un point qui implique contradiction,
les publiciftes décident unanimement que celui

qui permet doit céder à celui qui defend, & que celui qui comprend un plus haut dégré d'honnêteté & d'utilité mérite la préférence. Or est-il honnête à un allié de fournir des secours à l'ennemi de son allié & surtout ces secours sont-ils utiles à ce dernier?

Je vous demande, HH. & PP. SS. je le demande aux négociants, de quel œil nous verroient-ils favoriser son ennemi? Quels noms nous donneroient-ils, si nous sommes des perfides quand ils transgressent les traités & que nous nous plaignons?

Nous demandons la justice & nous la demandons sans sacrifice. L'Angleterre ne prétend point interrompre ni suspendre le commerce des matures & agrès que font les négociants sujets de la République: au contraire, elle veut l'encourager, elle achete vos marchandises & les paye leur valeur, sans marchander, sans choisir, sans en refuser aucun. La France le fait elle quand elle arrête & confisque les vaisseaux de Rotterdam & de Dordrecht qui font chargés, non de contrebande, mais de marchandises innocentes pour le compte des Anglois? Je sais bien que l'on niera ce fait avec la même vérité que l'on a osé avancer & imprimer que nos corsaires se font baignés dans le sang Hollandois.

Nos Capitaines ont eu ordre d'amener dans nos ports les vaisseaux chargés de bois de construction; mais on a rendu les navires après avoir payé le frêt & la cargaison, témoin le dernier jugement de l'amirauté qui a remis, avec le navire le Duchesse la Vauguyon, l'estimation de son chargement à son propriétaire, après avoir porté tous les frais pour le compte du Roi, il eſt vrai que les circonſtances qui occaſionerent ſa perte furent malheureuſes, & qu'on leur devoit des conſidérations; mais c'eſt avec la même modération que nous traitons les contrebandiers; ne dois-je point ce nom à ceux qui commercent de munitions navales, puiſqu'ils enfreignent les traités , l'alliance & la juſtice ? Mais l'Angleterre s'applaudira toujours de ne commettre que des fautes de bonté.

La Grande Bretagne ne demande point encore que la République uniſſe ſes armes aux ſiennes quoiqu'elle y fut autoriſée par le traité de 1678 & notamment par celui du 3 Avril 1716 qui fait partie du traité de Weſtminſter du 6 Fevrier de la même année: il parle ainſi „ le cas de l'alliance ſera tenu pour avenu , non ſeulement ſi l'un des alliés vient à être hoſtilement attaqué par une forte armée; mais auſſi en cas qu'aucun des voiſins vint à préparer des armemens contre l'un ou l'autre des alliés, ou à les menacer, ſoit qu'il le fit par des levées extraordinaires de troupes, ou par l'équipement de flottes armées en guerre, ou d'aucune autre maniere quelconque , qui donnât juſtement à craindre à l'un ou l'autre des alliés & les obligeât d'armer auſſi". Or les armemens de la France, l'equipement de ſes flottes n'étoient-ils pas les préparatifs de la guerre injuſte que la France nous fait, tandis que nous ne recherchions que ſon amitié, tandis qu'elle proteſtoit tous les jours à nôtre cour de ſes intentions pacifiques, tandis qu'elle abuſoit de

notre confiance par des préfens (c) qui devoient être le gage de fa fincerité ? Faut-il plus
pour demontrer fes intentions hoftiles que l'ordre donné à l'Amiral d'Eftaing quand il appa-
reilla de Toulon le 17 Avril 1778. „faites caufe commune avec les rébelles contre un *ennemi commun*". C'eft ainfi qu'elle appellait une
puiffance à qui elle prodiguoit des careffes. N'a-t-
elle pas encore attaqué la premiere à la hauteur
d'Oueffant ; mais fon adreffe accoutumée a fu
enveloper fon attaquée du voile de l'incertitude. L'obfcurité ne couvre-t-elle pas toutes fes
démarches ? Ne faudroit-il pas le fil d'Ariane
pour la fuivre dans fes moindres actions ? Le
malheur qui les fuit eclaire feul les crédules
qu'elles a trompés, fes Miniftres . . . . mais
mon projet n'eft point de faire la Satyre de
fon gouvernement ; l'interêt de ma nation a
pu feul m'obliger à déchirer le manteau qui
la couvre : réfumons.

Conclufion.

L'Angleterre, dans tous les tems, a donné
des preuves de fon amitié & de fa droiture à la
République. La Religion, la liberté, le commerce, les mœurs les uniffent par un lien que
la nature, la raifon, la politique ferrent à
l'envi.

(c) Huit jours avant les premieres hoftilités, la Reine
de France fit remettre par fon Ambaffadeur à la Reine
d'Angleterre une montre enrichie de diamans.

Si deux de nos Rois ont méconnu les intérets des états, on l'a dû à leur foiblesse, leur avarice & leur crédulité, le même coup qui frapoit la République sapoit les fondemens de la liberté Anglicane, le nœud qui les unit n'est donc point une illusion, un vain mot.

L'oppression que l'Angleterre & la République étôient sur le point de subir avoit été calquée sur le despotisme François. Louis XIV vouloit régner sur toute l'Europe ou par lui-même, ou par ses enfans, ou par ses principes, il faisoit agir deux grands ressorts les caresses ou l'argent. Charles II & Jacques second son Frere étoient attachés à la matiere, Louis les payoit. Les de Witts étoient superbes & ambitieux, le Roi flattoit leur passion & les en aimoit mieux. L'esprit de ce Monarque n'est point mort avec lui, les Ministres ont soin de le nourir chez ses successeurs, ils entravent leur maître bien plus esclave qu'eux, ô Hollandois ! *timeo danaos & dona ferentes.*

La cause de l'Amérique n'est point celle de vos hautes Puissances, vôtre liberté & vos intérêts demandent sa soumission.

Les traités & l'esprit qui les ont dictés interdisent aux vaisseaux chargés de munitions navales les ports d'un ennemi naturel.

Mais cette privation n'est point un tort fait à vôtre commerce, la générosité de l'Anglois y supplée, il achete toutes vos marchandises.

Ses forces seules sont capables de barrer un ennemi puissant, il ne reclame point les secours de vos hautes puissances, il ne veut que vôtre neutralité, mais il ne veut point qu'elle lui soit préjudiciable. Justice & amitié, voilà le

but de mes follicitations & j'efpere , HH. &
PP. SS. que vous ne me refuferez ni l'une ni
l'autre.

---

*Plaidoyer de M. le D..... de la V.....
A..... de F.....*

HAUTS ET PUISSANTS SEIGNEURS ,

J'AI écouté dans le Silence & non fans peine
le difcours de fon excellence M. le Chevalier Y....; ma modération , mon refpect pour
vos hautes Puiffances m'ont empêché de l'interrompre; mais il n'a rien dit que vous n'ayez
intimement réfuté mieux que moi. Je n'ai befoin de préfenter à vos lumieres que les faits
nuds & fimples, vôtre fagacité y faura fup-
pléer des circonftances que je fouffrirais trop
à faire valoir. Je ne fuis point inftruit dans
l'art de haïr, nos peres ne l'ont point réduit
en fyftême, ce n'eft point le pivot de nôtre
gouvernement. *Haïr eft bon , mais aimer vaut
bien mieux.*

Je nomme HENRI, & ce nom en dit plus
que les importans fervices que l'oftentation
humiliante étale à vos yeux. Henri vous dit ,
*mes amis vous êtes libres , j'aime à le voir & je
reconnoîtrai vôtre indépendance aux yeux de l'u-
nivers.* Il ne vanta point fa protection , il
n'exigea point de reconnoiffance, le devoir en
eut fait un fardeau & la reconnoiffance eft une
vertu.

Je nomme une Bourbon de l'illuftre fang des

Montpensier, une Coligny dont le nom glorieux sera cher, dans tous les siècles, aux ennemis de l'erreur & aux amis de la vertu, & ces noms rappelent, avec attendrissement, les hautes alliances d'un Prince, l'honneur de sa nation & l'amitié qu'elles ont cimentée entre deux peuples voisins.

Louis XVI porta, je l'avoue, des vues ambitieuses sur toute l'Europe, il fit la guerre à la République, il acheta Charles II & Jacques second, il influa dans leurs Conseils: mais acheta-t-il la Reine Elizabeth qui vous envoya Leicester, Jacques, qui revendiqua la nouvelle-Belge (d) découverte par Henri Hudson attaché au service de vôtre compagnie des Indes Orientales, sous le vain prétexte qu'Hudson étoit né son sujet ? querelle injuste renouvellée deux régnes après, qui a coûté à vos HH. PP. la perte de cette Colonie & celle de plusieurs vaisseaux attaqués & pris contre tout droit & sans déclaration de guerre ? Acheta-t-il Charles I qui humilia votre pavillon & troubla vôtre commerce ? Cromwel qui vous réduisit à une paix forcée & vous soumit à l'acte funeste de 1651 ? La Reine Anne qui vous abandonna aux armes victorieuses du Maréchal de Villars que vous auriez vaincu avec les secours du Duc d'Ormond ? Georges II & son petit-fils qui, au mépris des traités, n'ont cessé, dans le cours de leurs guerres avec la France, d'arrêter vos navires & de confisquer vos marchandises ?

(d) Aujourd'hui la Nouvelle-Yorke.

Avancé-je des faits que la vérité réprouve?
En dis-je même affez? Qu'ont dit de plus les
autres François qui ont foutenu les droits de
leur patrie? Si le despotifme fletriffoit la terre
qui les a vu naître, la défendroient-ils dans
un pays où la liberté leur permet d'être vrais?
Leur voix a été l'organe de la vérité pure &
défintéreffée & fi l'amour de leur patrie les fuit
dans ·l'exil que fon excellence fuppofe, je les
crois plus heureux que ces citoyens atrabilaires
qui, au fein de la leur, effayent contre-elle les
traits de la haine à la quelle leurs peres les ont
façonnés.

La licence régne à Londres & non la liberté, le peuple y eft efclave & rêve le comman-
dement. Il affaffine fes Rois; mais un fujet
hardi le courbe, a fon gré, fous le joug du despotifme; il écrit librement, il approuve, il re-
prend, fon enthoufiafme patriotique exerce une
cenfure plus févère que celle de Caton; mais
on décréte l'écrivain téméraire, il réclame les
loix, on l'incarcere (e): il infulte le Monarque fur le théatre de *Drury-lane;* mais le Monarque choifit fes victimes & fait enlever qui
bon lui femble fous le pretexte qu'on entretient
des correfpondances fecrettes avec les états de

<hr>

·(e) L'Imprimeur Parker Auteur du *general advertifer* a été
décrété par la chambre des Pairs pour avoir inferé dans
fa feuille une Lettre dont le Colonel Lutrell, s'étoit avoué
l'Auteur. Ce Decret eft contraire à la grande chartre du
Roi Jean donnée en 1215 qui garantit les libertés Angli-
canes. M. Parker ne pouvoit être cité dans une cour fu-
périeure avant que fon procès ne fût inftruit, au préala
ble, devant le fubalterne ordinaire.

l'Amérique (*f*): il eſt libre; mais on le force à ſervir ſur les flottes ou dans les armées: il eſt libre; mais ſon azile n'eſt point reſpecté, il ne peut y bruler de Caffé, y broyer de Cacao; à toute heure, tous les jours, des douaniers eſcortés peuvent y porter l'alarme, y faire des perquiſitions & pretextant de rechercher du Thé, violer le ſecret des familles : il eſt libre; mais il paye les rayons du ſoleil; l'eau, la terre, le feu, tous les élemens, l'heure même, ſont aſſujétis à des impôts. Les Empereurs de Rome en avoient-ils fait davantage quand, au tems de l'eſclavage de cette Capitole, ils faiſoient contribuer l'urine, la pouſſiere, les ordures, les cadavres, la fumée, l'air, l'ombre, le gazon, les rivages, les roues, les timons & les bêtes de ſomme? Il eſt libre; mais il eſt la victime des loix & le coquin qui le trompe fait ſeul en triompher. Vous faites un grand bruit ſur vôtre liberté, vous croyez qu'elle n'habite que chez vous; mais ce n'eſt qu'un echo qui rétentit des anciens rochers de la Gréce. L'imagination en eſt frapée', & ſitôt qu'on y réfléchit murement, on ne trouve plus qu'un grand vuide.

Sans ces fers, ſans ce despotiſme que l'Angleterre a voulu étendre ſur ſes Colonies, auroit-elle perdu l'Amérique ſeptentrionale? Dira-t-on que ce ſont les Conſeils d'un ennemi perfide qui la lui ont arrachée? Il n'eſt point

---

(*f*) Le Parlement conféra au Roi, par un acte de 1778, cette autorité attentoire à tous les droits de la liberté. Mais le parii Miniſtériel n'eſt pas celui de l'indépendance.

de Confeils quand la douceur de loix fait le bonheur des peuples ; par inconftance ou légereté, on négorge point fes freres & fes amis.

Depuis fon établiffement, l'Amérique feptentrionale a fupporté des guerres ruineufes, elle a été morcelée & troublée par des Parlementaires remuants & despotes, des Miniftres corrompus ont voulu déchirer fes chartres & enchaîner fa liberté, les loix de la Metropole ne l'ont point defendue, elle fembloit etrangere, & la verge de la cour s'eft appéfantie fur elle. L'Angleterre n'a vu fes fuccès qu'avec un œil jaloux, elle a voulu exprimer dans fon fein les fueurs de fes colons, elle n'a vu en eux que des efclaves dont le travail étoit fon bien &, par un rafinement de cruauté, elle a refufé de les nourrir.

La terres lentes à défricher ne fourniffoient point à ces malheureux l'équivalent des chofes de premiere néceffité qu'ils attendoient d'Europe. Sans fecours, fans crédit, fans moyens d'attendrir la marâtre qui, d'un œil tranquille, contemploit leur mifère, ils concentrerent leurs efperances dans eux mêmes, dans leur induftrie, ils eleverent quelques manufactures de draps groffiers. Le Parlement y vit fes droits bleffés, il pretendit que la Metropole devoit lui fournir exclufivement les objets d'induftrie, mais il n'ajoutoit pas qu'il falloit des denrées en échange de ces objets & que les Colonies n'en avoient point affez pour payer des marchandifes qu'on leur furvendoit, après avoir réduit à rien le prix des leurs par les frais exhorbitans, & les impôts & le frêt : il ordonna l'anéantiffement de l'induftrie naiffante. Les cris du défespoir fe firent entendre , mais moins touché de leurs maux que du chagrin de ne pouvoir tirer d'eux ce qu'ils n'avoient pas, il leur permit feulement de fabriquer leurs habits; il embaraffa cette foible induftrie de tant d'entraves qu'il lui ôta tout efpérance d'accroiffement, & les apparences de fa juftice ne furent que le miroir de fon avidité.

On interdit toute communication d'une Province à une autre, ou borna le nombre des ouvriers, on exigea des apprentiffages de 7 ans, on defendit aux maîtres de faire travailler leurs efclaves aux manufactures.

On étendit la tyrannie fur les mines, le fer ne put être porté dans la capitale que brut : les affineries, les fenderies furent prohibées fous des peines très-févères. Les importations furent genées en proportion , aucun bâtiment étranger ne pût entrer dans les ports de ces Ifles, à moins qu'il ne fût dans un danger évident de périr où qu'il ne fût chargé d'or & d'argent, métaux dont on a trouvé le fecret de les priver fans compenfer fa réalité. Toutes les exportations, excepté celles de quelques graines & du poiffon, durent aboutir directement dans les magazins de la Métropole. L'Irlande même fut privée des avantages du commerce avec les Ifles. Londres fe regarde feule dans fon petit continent, l'Ecoffe & l'Irlande font des enfants bâtards qu'on doit priver de légitime. En attirant à elle toutes les productions de l'Amérique , en fuççant le lait de la terre, en épuifant les forces des cultivateurs, croira-t-on cependant que l'Angleterre a trouvé le fecret de l'endetter ; les Colonies, à l'époque de la révolution devoient cent cinquante millions & plus, je n'ofe le dire, nos neveux ne le croiront jamais.

Il ne reftoit plus à ce beau, mais trop malheureux pays que la liberté de fe gouverner felon fes anciennes loix, fa police étoit fon unique bien, la vertu la couronnoit, le Parlement l'envia.

Tout Anglois, fous quelque ciel qu'il refpire, a le privilége né de ne devoir contribuer aux charges de l'état que de fon confentement, les Americains l'avoient confervé, on leur demandoit leur bien, ils le donnoient, mais ils croioient être libres, & cette idée allégeoit tous leurs maux. La capitale fe laffa de demander, elle voulut exiger. Elle chargea le peuple, fans confulter le congrès, de l'approvifionnement de troupes dont le pays n'avoit pas befoin. La Nouvelle-York s'éleva contre cette violation, on févit contre elle & on lui retira le fquelette de fes privileges. Aucune autre Province ne reclama, l'impôt paffa & le Parlement crut que cet acte de rigueur avoit intimidé les peuples, il ne fongea plus qu'à chercher de nouveaux moyens de les grever. Le timbre fe préfenta, il faifit ce projet avec avidité. Le filence que les Colonies garderent dans la premiere entreprife de la capitale leur coûte tout le fang qu'ils ont verfé depuis; une jufte réfiftance eut fait avorter tous les projets de la tyrannie. Il s'y prirent trop tard; cependant ils s'oppoferent à l'innovation du timbre. Ils montrerent dans cette occafion tout ce que peut la liberté outragée. La Metropole rougit de s'être trop avancée, elle prit le parti de retrograder; mais, en

diffimulant fa honte, elle réfolut de fe venger.
Elle ne fit que retourner fon fyftême & l'impôt du timbre reparut fur le verre, le plomb,
le thé, les couleurs, le carton, & les papiers
peints qui devoient être portés d'Angleterre en
Amérique. Ce n'étoit plus la taxer, l'Angleterre a le droit d'impofer fes marchandifes. La
tournure étoit infidieufe & dans d'autres tems
les Americains en euffent été dupes ; mais leurs
yeux étoient ouverts, le bandeau de l'amour
de la patrie étoit tombé devant le fer de la tyrannie, ils fe roidirent contre ce nouveau gen-
re d'impofition, refuferent ces marchandifes &
les précipiterent dans la mer quand on voulut
les contraindre. L'Angleterre a armé contre
eux, a descendu des armées fur leurs bords, leur
fang a coulé & leurs cendres amoncelées ont
elevé les boulevards de la liberté.

Et voilà ceux que les Anglois appellent leurs
enfans, leurs freres, leurs amis, ceux de qui
ils exigent de la reconnoiffance. L'Americain
n'eft plus Anglois, il ne doit rien à une patrie qui ne l'a point aidé dans fes befoins, fé-
couru dans le danger, quand, dans une terre
étrangère, il eut à lutter contre la faim, les
fauvages & le climat. La vie eft-elle un bien,
quand ceux qui l'ont donnée la dévouent à la
mifère & l'abandon?

Les Colonies de l'Amérique feptentrionale ne
doivent leur fondation qu'à elles feules ou à
des citoyens généreux qui ont mis leurs riches-
fes à tirer la vertu des mains de fes perfécu-
teurs, à l'abriter & à faire le bonheur des hommes. Guillaume Penn arrache de l'hôpital des
fous, de la prifon, du pilori, de la main des

bourreaux, des malheureux qui n'étoient coupables que d'un excès de vertu, & fonde avec ces humains pacifiques la ville des amis, seule au monde où l'on goute la vertu sans altération, où l'on puisse bénir l'humanité, où le crime n'a point d'accès (g). Philadelphie n'a rien coûté à la Métropole, la Pensilvanie a prospéré entre les mains des hommes qu'elle avoit persécutés & ces mêmes hommes ont eu la générosité de verser dans son sein le fruit d'un sang autorisé à la méconnoître.

Les premiers Colons de la Virginie ont dû leur vie aux secours généreux de Milord Delaware. La patrie n'a jamais pensé à leur existence que pour les opprimer, &, pour prix de leur amour pour leurs Rois, qui leur fit anticiper la proclamation de Charles II, ce Prince ingrat les réduisit au malheur nécessaire de rechercher dans le jeune Bacon un vengeur de leur liberté.

Lord Baltimore a fondé le Maryland, & ce pays n'a connu le malheur que du moment où d'injustes despotes ont arraché aux Successeurs de cette famille illustre, dont la croyance n'étoit pas la leur, des possessions payées & que les loix devoient garantir.

La Caroline fut cédée par Charles II, aux Lords Berkley, Clarendon, Albemarle, Craven, Ashley, & aux Chevaliers Carteret, Berkley & Colliton. Ils choisirent pour législateur un Philosophe (*) ami des hommes ; mais qui,

---

(g) Depuis la fondation de Philadelphie, les loix n'ont puni qu'un seul homme, c'etoit un prêtre intolérant.
(*) Locke.

par un malheur attaché à l'espèce humaine qui circonscrit le cercle de nos connoissances, étoit plus methaphysicien que politique & qui donna plutôt la semence du trouble que leur préservatif. La cour dépouilla les propriétaires de leurs prérogatives & reprit en 1728, les rênes du gouvernement d'une Isle condamnée à souffrir du pouvoir féodal & des coups de la Monarchie.

Carteret & Berkley reçurent aussi de la faveur de Jaques II , encore Duc d'York, le Nouveau-Jersey qu'ils gardérent jusqu'en 1702 qu'ils remirent leur chartre à la Couronne. La bienfaisance d'un citoyen compatissant & riche fournit les premiers habitans à la Géorgie. Il tira des prisons de malheureux débiteurs plus utiles à la patrie sur un terrein fertile qui ne demande que des bras, que dans les fers d'un créancier dur & avide. Une soufcription volontaire défraya leur voyage & les frais, & une poignée de 100 hommes jetta les fondements d'une République devenue la capitale d'une Colonie qui eut été plus florissante, si le gouvernement ne l'avoit pas tenue dans ses entraves.

La Nouvelle-Angleterre a été peuplée par les martyrs du fanatisme , persécutés en France , les Presbyteriens chercherent eu Angleterre un azile & la sureté. Ils les trouverent; mais ils vouloient une patrie & l'Angleterre la leur refusa. Une différence dans la même reforme , une déférence que les puritains refusent à l'épiscopat , les exclut des droits de citoyen , ils n'étoient rien & l'amour d'une patrie les fit s'exiler une seconde fois. Ils acheterent en

1621 les droits de la Compagnie Angloife de la Virginie feptentrionale (*h*) & partirent, foas les drapeaux de l'enthoufiafme, au nombre de 41 familles de 120 perfonnes, leur conftance vainquit les fatigues, les rigueurs de l'hyver, le fcorbut; il lafferent la mifere même; & le zele Evangelique qui depeupla le midi de l'Amérique, fervit à repeupler le nord.

Que vous doivent donc ces gens objets de vôtre perfécution & de vos mépris? Vous éloignez le tableau qui rapproche l'état de l'Amérique de celui des Provinces-Unies des pays-bas lors de la révolution. La Hollande, dites vous, fécoua le joug de fes tyrans ; qu'êtes vous au nouveau-monde? Philippe étoit un Prince étranger à la nation, aux moeurs, au langage même: qu'êtes vous pour ceux que vous reprouvez par la perfécution & la flétriffure des loix (*i*), pour des efclaves que vous féduifez en Allemagne (*k*) & que vous achetez en Afrique?

(*h*) Nom primitif de la Nouvelle-Angleterre.

(*i*) Avant la guerre d'Amérique, on y tranfportoit les criminels que la loi comdamnoit à l'efclavage. Ils étoient libres au terme de leur punition & plufieurs font devenus des citoyens vertueux. Souvent il ne manque que l'occafion à la vertu & le vice la rencontre trop fouvent. Cela vient de la défection des loix.

(*k*) La Compagnie des Indes Angloifes a des courtiers dans plufieurs villes d'Allemagne, qui par la force ou la perfuafion, gagnent des malheureux que la mifere & l'oppreffion chaffent du lieu qui les a vu naître, dans la perfpective des douceurs d'une autre patrie, on leur donne quelque argent que l'embaucheur a foin de leur faire dépenfer avant leur départ; ils arrivent & pour le prix de leur paffage & pour les frais qu'ils ont faits en Eu-

Hauts & Puiffant Seigneurs, & l'on m'accuſe de porter parmi les membres qui vous compoſent la fauffe lueur de la féduction. Je vous trompe. Eft-ce avec ces vérités?

M'imputer de vous égarer c'eft nous faire à tous une infulte reflechie. N'êtes-vous donc point affez éclairés pour diftinguer vos vrais interets, pour connoître vos amis ? Qu'un Prince foit trompé, cela peut-être avec un grand genie & beaucoup de fagacité. La difficulté de l'approcher peut oppofer des barrieres à la vérité, ceux qui l'entourent peuvent avoir interêt de la corrompre, les repréſentations, par un refpect coupable, peuvent n'avoir point l'énergie de la liberté qui feule a le droit d'exprimer la vérité. Mais, vous, qui fans ceffe parmi le peuple, ne vous affemblez ici

---

rope, on les retient en efclavage. Il y paffent au plus le nombre de 8 années, ils deviennent libres enfuite, mais pour rentrer dans une fervitude volontaire, forcée par la neceffité. Si l'on en a vu quelques uns paffer au rang des propriétaires, il l'ont dû à la plus active induftrie ou à la générofité de leurs maîtres, qui, par cet acte de bienfaifance, ont voulu faire une réparation à la nature que l'on outragea en les trompant. C'eft de la même maniere que les Compagnies des Indes Hollandoifes recrutent les foldats de leurs colonies. Amfterdam eft rempli d'une efpece de vendeurs d'hommes appelés *Zielverkoopers* qui, par mille rufes différentes, entrainent chez eux des étrangers novices. Plus d'un homme au-deffus du commun s'eft trouvé, dans leurs mains, perdu pour fa famille & réduit à l'état malheureux de deffenfeur de Batavia. Au moins, l'Anglois, ne fouffre point, dans l'étendue de fa domination, cette atteinte flétriffante & cruelle portée à la liberté & à tous les droits privés & publics.

que pour reflechir fur fes interêts, que pour
féparer l'enthoufiafme du vrai, que pour donner la fanction à fes vœux, pourriez-vous,
fans être aveuglés, méconnoître le vrai? Et
peut-on vous féduire fans que vous foyez
coupables? Que fon excellence ofe choifir entre le crime ou la ftupidité.

Ai-je befoin de cabaler pour mettre fous les
yeux de la République les intérêts de fes peuples, l'honneur de la nation? Je n'ai rien dit
dans le particulier que je ne puiffe répéter en
face de l'univers. Ecoutez moi & voici tout
ce que je follicite.

Expofé & demande.

Le Roi de France eft lié avec la République
par des traités d'amitié & de commerce, il
m'ordonne d'affurer leurs hautes Puiffances qu'il
n'a rien tant à cœur que de cultiver leur amitié. Les traités font facrés comme fa parole
royale.

Il eft en guerre avec l'Angleterre qui, quoiqu'en dife M. Le Chev. Yorke, a arrêté en
pleine paix, & emmené dans fes ports deux
Frégates qui s'étoient perdues dans fa flotte;
qui a donné des ordres pour furprendre fes
poffeffions afiatiques (*), quand il ne penfoit à

(*) Par les combinaifons les plus juftes, il eft démontré que la cour de Londres a donné fes ordres pour at-
taquer Pondichery dans les premiers jours de 1778, & le
traité d'alliance entre la France & l'Amérique n'a été no-
tifié au miniftere Anglois qu'au mois de Fevrier fuivant.
Et dans les tems que les Anglois crioient a la trahifon

rien moins qu'à rompre avec elle ; qui a infulté fa Frégate d'obfervation *la Bellepoule*, quand la cour de Londres donnoit des proteftations d'amitié & en recevoit de fincères.

Les négociants de vos hautes Puiffances fourniffent au Roi mon maître, des munitions navales que cette guerre lui rend indifpenfables, & vos négociants y font autorifés par les traités que la République a conclus avec l'Angleterre & notamment par celui du 1 Décembre 1674.

Le Roi d'Angleterre qui dit fouffrir de cette efpèce de commerce, donne ordre d'arrêter tous les vaiffeaux appartenants aux fujets de la republique qui fe trouveront chargés de mâtures & d'agrès & même ceux qu'on foupçonneroit en être chargés, pour imiter autant qu'il eft en lui, l'exemple de fes prédeceffeurs qui en ont ufé ainfi avec les états, dans le tems même que ceux-ci leur fourniffoient des fecours. Il les fait emmener dans fes ports, il confifque ce qu'il juge à propos, achete ce que fa munificence daigne payer, eftime lui même, livre les propriétaires aux procureurs & renvoye le bon Capitaine fur la carcaffe de fon batiment lefté des papiers de la procédure. C'étoit le vœu des corfaires & l'on peut dire, à leur honneur, qu'ils exécutent & au de là les ordres qui leur font donnés. Il n'eft pas

---

& qu'on alloit exécuter leurs ordres hoftiles en Afie, la France faifoit reftituer une cargaifon de deux millions, chargée dans les Indes fur un navire de Breft, par la raifon que quand on l'avoit confiée à des François, on ignoroit la rupture entre les deux nations.

jufqu'aux matelots qui, par un excès de zéle, n'anticipent fur la confifcation, les paffagers ne font pas même exempts de contribuer. Malheur à qui réfifte. Le maffacre d'un Capitaine Hollandais a donné à fes confrères l'exemple de l'obéïffance & de la circonfpection.

Voilà pourtant, Monfieur l'Ambáffadeur, ce qui eft conftaté, & plus vrai, fi vous me permettez de vous le dire, que la prétendue faifie que nous faifons des vaiffeaux marchands de la République *chargés dans les ports de Dort & de Rotterdam de marchandifes innocentes*, brigandage indigne du Roi, & de la nation, improuvée par tous les témoignages & que **vos** écrivains même n'ont ofé nous imputer (*l*).

D'après ces préliminaires, l'Angleterre a fait dire à vos hautes puiffances qu'elle avoit remis le traité de 1674, entre les mains des Docteurs pour en analyfer l'efprit & qu'ils avoient decidé ,, que la Lettre de l'article IV, fembloit autorifer le commerce des munitions navales; mais que l'efprit du traité étoit totalement oppofé à ce qu'il exprimoit". Cette fubtilité n'a point eu l'effet qu'elle en attendoit, elle s'eft retournée du côté des traités poftérieurs, &, tout récemment, elle vient d'y lice une dérogation en forme au traité de 1674, fon excellence vient de vous en faire part en y joignant des reflexions très-favantes.

(*l*) Il n'en eft qu'un, c'eft celui qui a écrit *l'avis à l'Auteur de la Lettre d'un bon Patriote fur le Mémoire de M. l'Ambaffadeur de l'Angleterre.* C'eft auffi lui que je refute, ayant mis fon affertion dans la bouche de mon premier Orateur.

A cette conduite de l'Angleterre envers les états, le Roi mon maître n'a oppofé que l'honneur, la juftice & les preuves fenfibles d'une amitié conftante. Il a exempté des droits extraordinaires aux quels les neutres font affujetis dans fes ports, les vaiffeaux de la République. Cette exemtion eft une chimere, dit fon excellence, mais cette exemption eft de 15 pour cent de la valeur de toutes les marchandifes, & à quelques impofitions qu'elles foient fujettes entre les mains des acquereurs, il n'en eft pas moins vrai que ceux qui ne jouiffent point de cette faveur debourfent 15 pour 100 de la valeur de leur cargaifon qu'ils ne vendent point un denier de plus que ceux qui font exempts du droit

Pour prix de fon amitié, le Roi n'a demandé aux états que le maintien de leur liberté, le refpect aux traités, & des convois pour la fureté de leur commerce.

Vos hautes puiffances ne peuvent agir fans le concours des reprefentans de 7 Provinces, toutes féparément & également Souveraines. Ces differentes fouverainetés qui fe balancent entre-elles & qui ne peuvent avoir de force exécutrice qu'au centre de leur réunion, font peut-être le meilleur fondement de la République, ce qui l'a foutenue au milieu des orages & le préfage de fa longue durée.

Les interêts ne font pas les mêmes dans toutes les Provinces, même dans toutes les villes, où ils y font differemment vus. La demande de l'Angleterre étonna tous les efprits, fes procédés effrayerent en infpirant l'horreur; mais quand le premier mouvement eut payé le tri but à l'humanité , la reflexion rappela chez quelques uns les nœuds du sang , la perte qu'on éprouveroit si la Grande Bretagne exerçoit sa vengeance jusque sur les fonds que la confiance a déposés dans les comptoirs de sa banque, les malheurs inséparables de la guerre si l'on rompoit avec elle.

Pour les négociants qui n'ont d'autre perspective que leur commerce , d'autre crainte que celle de le voir dépérir , ils firent des representations, les renouvellerent & solliciterent vivement des convois pour mettre leur fortune à l'abri. Ils virent des avantages réels dans l'amitié de la France, ils connoissent , par l'experience du passé, la jalouse rivalité de l'Angleterre , & ils ne balancerent point à tenir pour le parti de la fermeté.

Mais toutes les Provinces de l'Union ne sentent point également les avantages du commerce , plusieurs en font peu , ou sont restreintes , par leur position , au commerce intérieur d'une Province à une autre, & par une départition , peut-être mal combinée, elles ont , en proportion, plus de voix que les plus riches Provinces qui , presque seules , soutiennent le fardeau de la République. Ces Provinces balancerent le vœu des commerçantes, elles entrainerent même , par des motifs plus aisés à soupçonner qu'à définir , les députés de plusieurs villes de commece, rien ne fut conclu & l'Anglois continua ses déprédations.

Sa Majesté qui vit, avec douleur, que son amitié n'étoit point également agréable à tous les membres de l'état & qu'on donnoit à son ennemi une préférence injurieuse à la pureté de
ses

fes vues, fupprima les avantages qu'il vouloit faire aux Négociants des 7 Provinces, & n'en laiffa jouir que les villes d'Amfterdam & de Haarlem, qui par la fermeté de leurs refolutions, ont montré qu'ils avoient fû en connoître le prix.

Les requêtes fans nombre que l'on a préfentées & aux états Provinciaux & aux états généraux, les fupplications des villes de Rotterdam & de Dordrecht pour partager la faveur faites à celles d'Amfterdam & de Haarlem ont bientôt démontré la chute du bandeau de l'illufion & le repentir qu'elles avoient d'avoir fuivi le torrent d'une fauffe perfuafion. Cependant il en eft qui, fermes dans leurs principes, ont imputé à foibleffe les démarches de Dort & de Rotterdam, qui fe font élevés contre les villes d'Amfterdam & de Haarlem & qui n'ont été à rien moins qu'à criminalifer au premier chef fon acte de neutralité.

C'eft pour fixer toute incertitude à cet égard, c'eft pour éclaircir tous les doutes, c'eft pour convaincre ceux qui font capables de l'être que je vais répondre à quelques objections de l'oppofition. Je me renfermerai dans trois points. Le premier confiftera à prouver que les traités que fon excellence a cités ne dérogent en rien à l'article IV du traité de 1674. Le fecond, de nontrera qu'une puiffance ne peut, fans mauvaife foi, enfreindre un traité authentique, furtout quand elle a joui des avantages qu'elle contefte : dans le troifieme je ferai voir que la fermeté des états ne prépare point une rupture avec l'Angleterre & qu'elle eft, au contraire, le garand de leur profpérité & la fureté de leur commerce.

Premier Point.

Je n'ai qu'à lire devant vos hautes puiſſances les Articles II, IV, V, VI, VII & VII. du traité de 1678 pour refuter ce que M. L'Ambaſſadeur en a dit, & s'il ſe fut donné la peine de les lire avant de les citer, il eut vu qu'il n'y eſt pas dit un mot qui porte atteinte à l'Article IV du traité de 1674.

(m) „ *Article II.* . . . en outre il y aura une étroite alliance & une fidele conféderation entre ſa Majeſté & ſes ſucceſſeurs, Rois de la grande Brétagne, & les dits Seigneurs Etats - Généraux, leurs états & territoires, pour le maintien & la conſervation mutuel·le l'un de l'autre, en tranquilité, paix, amitié & murralité, par mer & par terre, dans la poſſeſſion de tous les droits, Franchiſes & libertés dont ils jouiſſent ou doivent jouir, ou de ce qu'ils ont déjà acquis ou pourront dans la ſuite acquérir par ttaités de paix, d'amitié & de neutralité, qui ont eté faits précédemment & qui pourront à l'avenir être faits conjointement & d'un concert commun avec d'autres Rois, Républiques, Princes & cités, dans les limites de l'Europe & non ailleurs."

„ *Article IV.* . . . . l'obligation mutuelle de s'aſſiſter & défendre l'un l'autre, doit être entendue & s'étendre à la conſervation & au maintien de ſa Majeſté & des dits Seigneurs Etats - Généraux, leurs pays & ſujets, dans tous les droits, poſſeſſions immunités & libertés, tant à l'égard de la navigation que du commerce; & toutes autres choſes par mer & par terre, qui ſeront trouvées leur appartenir de droit commun, ou avoir été acquiſes par des traités déja faits ou à faire la manière ſusmentionnée, avec & contre tous Rois & Prin-

---

(m) Ces Articles ſont copiés de *l'examen impartial des traités conc'us entre la Grande Brétagne & la République des Provinces unies &c.* écrit en faveur de l'Angleterre.

Princes, républiques ou états; de manière que fi fa Majefté ou les dits Seigneurs états, en préjudice de leur dite tranquilité, paix, amitié ou neutralité préfente ou future, font dans la fuite attaqués ou troublés en quelqu'autre façon que ce foit, dans la poffeffion ou jouiffance de leurs états. territoires, villes, places, droits, immunités & Franchifes de commerce, navigation ou autre chofe, que fa M. ou les dits S. Etats Généraux poffédent actuellement ou poffederont dans la fuite par droit commun, où par traités déja faits ou qui pourront être faits, comme il eft dit ci-deffus; fa M. & les dits S. Etats-Géneraux, dès qu'ils en auront été informés, ou qu'ils en auront été requis à cet effet par l'autre partie, feront tout leur poffible conjointement pour terminer les troubles ou hoftilités & procurer réparation de la perte ou dommage qui a été fait à l'un des alliés."

„ *Article V.* . . . . & en cas que la dite attaque ou trouble foit fuivie d'une rupture ouverte, celui des deux alliés qui ne fera pas attaqué, fera obligé de rompre avec l'aggreffeur, deux mois après la réquifition de celui d'entre eux qui fera déja en rupture; durant lequel tems il fera tous devoirs par fes Ambaffadeurs ou autres Miniftres pour moyenner un accomodement raifonnable entre l'aggreffeur ou turbateur, & l'attaqué ou troublé, & néanmoins donnera pendant le dit tems un puiffant fecours à fon allié, tel qu'il fera convenu par des Articles féparés entre fa M. & les dits S. Etats-Généraux, les quels, quoiqu'il n'en ait été fait aucune mention dans cet Article, feront tenus & obfervés comme s'ils euffent été inférés & couchés ici, demeurant toute fois au choix de celui des alliés qui fera en rupture, de continuer à jouir du bénéfice des mêmes fecours, en cas que la conjoncture du tems & la conftitution de fes affaires lui en fiffent préférer l'effet à celui de la rupture ouverte de fon allié avec l'aggreffeur."

„ *Article VI.* . . . la garantie mutuelle étant ainfi promife & établie, lorfqu'un des alliés fera attaqué ou molefté; fi les Etats-Généraux des Provinces unies le font, ou qu'ils fe trouvent obligés d'en-

tres

trer dans une guerre ouverte, fa Majefté fera pareillement obligée de rompre avec l'aggreffeur ou turbateur, & d'employer toute fa puiffance & toutes fes forces, par mer & par terre, & de les joindre avec celles des S. Etats - Généraux, lorfqu'on le jugera expédient pour réduire l'ennemi commun à un accomodement raifonnable, ftable & équitable, avec le Roi de la Grande Brétagne & les dites Provinces - Unies."

„ *Article VII*. . . . & en ce cas, les forces de fa M. Britannique & des dits S. Etats - Généraux agiront conjointement ou féparément, felon que fa dite Majefté ou les dits S. Etats - Généraux le concerteront alors plus particulierement entre eux, devant avifer & confulter enfemble touchant les moyens les plus propres pour nuire à l'ennemi commun. foit par voie de diverfion ou autrement, afin de le forcer plutôt à un accomodement, comme il eft dit ci - deffus."

„ *Article VIII*. . . . les dits S. Etats devront accomplir les mêmes conditions, contenues dans les deux Articles qui précédent immediatement, au cas que le Roi de la grande Brétagne foit attaqué ou molefté en la manière fusdite."

Son excellence reconnoit - elle ces huit Articles? Et, en nous donnant des yeux de Lynx, parviendroit - elle jamais à nous y faire trouver une dérogeance à l'Article IV du traité de 1674.

Mais fon Secretaire l'aura trompé en lui faifant citer le traité de 1678 & elle s'en tient fans doute à l'Article fecret de 1674. M. l'Ambaffadeur me permettra de lui repondre encore qu'il eft de nulle valeur & de lui dire qu'il en a, lui-même, donné la raifon : un traité detruit ceux qui le précedent en tout ce qui eft contradictoire. Celui du 1 Décembre 1674 figné lors de la conclufion de la paix eft pofterieur à l'Article fecret de 1674 & l'infir-

me parconféquent fi effectivement ils font contradictoires.

Les traités de 1678, 1688, 1716, 1728 &
1731 n'ont point ratifié l'article de 1674; pour
le ratifier il eut fallu déroger nominativement à
celui de 1674 qui l'annule & aucun ne le fait.

Il y a plus, l'article fecret de 1674 n'em-
pêche point le commerce des munitions navales & n'eft point contradictoire avec l'article
IV, du traité de 1674 pour le prohiber, il fau-
droit que les munitions navales y fuffent nominativement défignées tels que le font les foldats, matelots, poudre à canon, &c. Les *autres chofes* prifes génériquement & regardées
comme *néceffaires pour faire la guerre à l'ennemi* ne comprennent point les munitions navales & n'ont point voulu les comprendre. Car,
fi les redacteurs du traité avoient cru le commerce de ces materiaux avec l'ennemi nuifibles
en tems de guerre, ils n'eft point apparent
qu'après avoir mis au rang de la contrebande
toutes les efpèces d'armes & munitions de guerre ; il euffent licité, dans celui de 1674, figné
quelques mois après, fpécialement & nominativement, le commerce des mâts, même avec
l'ennemi d'une du parties contractantes. Ou fi
l'une des parties contractantes eut reconnu le
préjudice, & que malicieufement ou forcément,
elle y eut fait acquiefcer la partie la plus foible, ce feroit un dol ou viol contre le quel celle-
ci pourroit protefter dans tous les tems & ufer
de represailles contre cette injuftice. C'eft ce
que nous allons difcuter plus bas.

C'eft de la même manière que fon excellence
voit tous les traités qu'elle cite, elle prétend

que l'article féparé du 3 Avril 1716, oblige la République à prendre les armes chaque fois qu'elle voudra combattre, parce qu'il eft dit dans cette article qu' „ en cas qu'aucun des voifins vint à preparer des armemens contre l'un ou l'autre des alliés, ou à les menacer....'' & elle appuye les menaces de la France de celle du Comte d'Eftaing qu'elle fait partier, comme fi elle eut été dans les ordres de cet Amiral qu'il n'ouvrit qu'en pleine mer & dont, auparavant, nul autre que le Miniftre n'avoit connoiffance. Mais paffons fur ces légeretés & voyons s'il eft jufte de reclamer contre un droit dont on a ufé, & fi la jouiffance n'établit pas qu'il n'y a eu aucune dérogeance à l'article qui l'autorife ni aucune contradiction entre les deux articles de 1674, & 1674, puisqu'ils ont forti l'un & l'autre leur plein effet jufqu'à ce jour.

Second Point.

Dès auffitôt que le traité de 1674 fut figné, l'Angleterre jouit de la faveur de l'Article jusqu'à ce que la paix fut fignée entre la France & les états (*n*); elle en jouit dans la nouvelle

---

(*n*) La paix entre les états & la France, fut fignée à Nimégue le 10 Mai 1677 & les Anglois ne trouverent pas d'inconvéniens, depuis la fin de 1674 jufqu'à cette époque, de fournir à cette derniere puiffance des munitions navales : c'étoit cependant dans le moment ou l'une des parties contractantes alloit jouir des avantages de ce commerce, qu'il étoit plus facile d'en connoître les conféquences. Les Anglois ont ils donc, dans le tems, inféré cet article à deffein prémédité de nuire à la République? s'ils l'ont fait, il eft jufte aujourd'hui que la fourbe retombe fur le trompeur.

güerre, de 1688 entre la France & la République, elle en a joui dans toutes celles que les
états ont eu depuis à foutenir contre differentes puiffances. Or fi ce commerce eut été nuifi-
ble aux états, fi le traité de 1678 ou d'autres
qui ont fuivi euffent abrogé celui de 1674, ils
euffent réclamé contre cette infraction.

Mais fon excellence aime mieux, pour venir
à fon but, flétrir la mémoire de fes Rois, in-
culper l'honneur de fa nation. „Le commerce
de munitions navales, dit-elles, eft préjudiciable aux interêts de la Grande Bretagne, & le
feroit également à la République, fi elle étoit
en guerre. Charles II le favoit, lorfqu'il conclut le traité de 1674, & il contraignit les
états, dans leur détreffe, à y acquiefcer''.

Et c'eft après avoir fait de pareils outrages
à la nature, c'eft après avoir violé les droits
les plus facrés, c'eft après avoir opprimé le
plus foible, c'eft après avoir joué une nation
entiere avec les noms les plus faints, que vous
ofez reclamer fon amitié, que vous la priez de
détourner le coup que vôtre barbarie lui a
porté & qui revient fur vous.

ô Etre fuprême! eft-il poffible que l'efprit de
l'homme foit une émanation de ton efprit cé-
lefte, qu'il foit ta reffemblance? Non, c'eft une
prévention de fon orgueuil. Ton efprit ne pourroit fe façonner aux replis tortueux de ces cer-
veaux dont le métier journalier eft de donner
au menfonge le masque de la vérité; tu ne
faurois entrer dans le cœur d'un tyran dont
l'injuftice eft la premiere loi. Ton efprit par-
ticipe à toutes tes vertus. Ton efprit eft toi
même & toi même tu a toutes les vertus. Tu

es vrai , l'homme eſt faux ; tu es ſincère , l'homme eſt trompeur ; tu es pur , l'homme eſt corrompu ; tu es bon , l'homme eſt méchant ; tu es juſte & l'homme eſt le plus injuſte des êtres.

Puiſque l'adreſſe eſt le code des méchants, puiſque la force eſt celui des barbares ; il reſte, au moins, aux autres hommes le droit de déchirer ce code affreux & d'elacer ſes infâmes caractcres dans le ſang des monſtres qui les ont tracés. On fait la chaſſe aux bêtes feroces, les hommes ont le même droit contre les ennemis de la ſociété plus à craindre que les tigres. C'eſt quand l'homme ne ſouffrira plus qu'on attaque ſes droits , c'eſt quand il les deffendra le poignard à la main , que les traîtres & les barbares craindront de conſpirer contre lui, qu'il les fera trembler.

L'orgueil céde devant le courage. Vôtre histoire , IIH. & PP. SS. en fournit un exemple mémorable , je vais me complaire à vous en retracer la peinture , & c'eſt par le tableau de vôtre gloire que je terminerai ma troiſieme démonſtration.

Troiſieme Point.

L'aigle Romaine a plané ſur toutes les parties du monde , & à peine eſt-il un peuple connu qu'elle n'ait ſubjugué. Céſar parut pour le malheur du monde & de ſa patrie qu'il lui étoit reſervé d'enchaîner avec le reſte de la terre. Il fixa les Bataves qui, dans leurs marais , exerçoient leur courage & leurs armes contre les animaux & quelques voiſins entreprenants : il voulut les ſoumettre , moins pour ſa gloire que pour ne rien laiſſer d'invaincu derriere lui : il crut

que, pour les vaincre, il ne falloit que le vouloir. Il vint, il vit, mais de cette fois il ne
vainquit pas. Une réfiftance courageufe étonna ce guerrier, moins grand peut-être s'il eut
trouvé plus d'hommes à combattre. L'admi-
ration chaffa le mépris qu'un Romain avoit
pour un Barbare, & Céfar le vainqueur de la
terre fut l'ami & l'allié des Bataves (o).

Quand un peuple laiffe entamer fes droits,
quand une puiffance foiblit devant un ennemi
fuperbe, tous leurs pas les portent vers leur
deftruction. Entre les fouverains, il n'eft point
de petites conceffions, tout eft grand comme
leurs intérêts.

Le Sénat de Venife auroit acquis le monde
entier avec l'argent qu'il a prodigué pour acheter la paix. Sa politique tremblante ne s'ap-
perçoit pas que, loin de repouffer l'ennemi;
elle lui préfente un appas, & cet appas eft l'a-
liment de la guerre qu'elle veut éviter. Elle
épuife fes peuples, fa foibleffe enhardit celui
qui ne voit, dans fes mains, que de l'or pour
defenfe, & fes richeffes accroiffent fa puiffance
& fon orgueil. S'il étoit moins de lâches, il
y auroit moins de conquerants; mais la crainte eft l'arme la plus victorieufe de ces bri-
gands illuftres qui étonnent la terre. C'eft la
pufillanimité qui, fous le régne de Juftinien,
hâta la décadence de l'empire. Ce Prince foible éloignoit les Perfes avec de l'argent &, cha-

____

(o) Tacite le concis Tacite dit l'Auteur *du Tableau de l'Histoire des Provinces-Unies*, oublie fon ftyle quand il parle des
Bataves, & s'il ne parloit pas des plus intrepides guerriers
qui fuffent alors, on l'accuferoit d'être caufeur.

que année, ils revenoient désoler ses possessions Asiatiques. Il payoit les Barbares du Nord, & les Bulgares n'abandonnoient une Province que pour porter le pillage dans une autre.

Mais ce n'est point un peuple qui circonscrit le lit de la mer, qui reprime la fureur des vagues qui s'élevent au dessus de sa tête, qui se laissera dominer par l'Anglois insultant sur son élement naturel. Ce n'est point un peuple libre de tous les tems, qui a deffendu sa liberté au prix de tout son sang, qui s'est fait respecter de quatre puissances liguées à la fois contre lui, qui recevra le joug d'une nation prête elle-même à le subir de ceux qu'elle voulut opprimer, s'ils sont aussi injustes qu'elle (*p*).

Conclusion.

O Prince! vous qui êtes le Pere, l'enfant & le citoyen d'un pays créé par vos illustres ayeux, illustre aréopage, dont l'esprit éclairé discerne facilement la vérité du mensonge révêtu de ses traits, jugez les faits que je viens d'alléguer. J'ai moins discuté devant vous les interêts de mon Roi que ceux de vôtre République. Je n'avois, pour lui, qu'un seul mot à dire; mais je n'ai rien dit de trop, si, en dévelopant à vos yeux la vérité obscurcie, je vous ai témoigné mon zéle & convaincu, par lui, des sentimens de toute ma nation.

(*p*) La résolution digne d'éloges que l'Irlande vient de prendre, est le premier pas vers sa liberté que l'Anglois enchaîne depuis qu'elle lui est unie. Quel peuple! l'exemple ne l'instruit point, l'experience ne le rend point plus sage.

Plaidoyer de M. le grand P....... de ......
Faifant les fonctions de rapporteur.

HAUTS ET PUISSANTS SEIGNEURS,

Mr. L'Ambaffadeur de France a prononcé le mot, il s'agit du falut de la République, la moindre foibleffe mêne, par une pente infenfible, un état vers fa ruine. Il n'eft point de petites fautes, il n'eft point de petits interêts.

L'union, en concentrant nos forces, nous a délivré du joug Efpagnol, nous a rendu la liberté & a fondé la profpérité de l'état. La divifion nous a fait voir nôtre ruine, nous a livrés à nos ennemis, a armé le citoyen contre le citoyen, a facrifié les fujets les plus vertueux de la Répuplique aux interêts particuliers, a deshonoré la nation par des affaffinats d'autant plus barbares & dangereux, qu'ils étoient réflechis & colorés de l'apparence des loix.

O Barneveld! ô de Witts! citoyens refpectables, martyrs de la liberté & victimes de l'ambition, prêtez moi vos vertus & j'envierai vôtre fort. Je remplis la place où tant de fois vous fervites vôtre patrie, j'ai vôtre zèle & ma bouche, par aucune lacheté, ne trahira jamais la vérité.

Vôtre excellence, Monfieur le Chevalier, a voulu obfcurcir la gloire de ces héros de la patrie, leur mémoire eft chere à une Province qui les pleure encore, aux vrais citoyens de tout l'état & leurs vertus font notre exemple.

Je fais qu'il eft des gens qui, fous le masque de l'amitié, fe font un parti dans l'état, divifent les intcrêts, éloignent fa nobleffe du corps de la nation, captent la bienveillance des chefs : mais l'on faura toujours divertir leurs projets, c'eft un château de Cartes que le foufle renverfe. Le commerce eft la bafe de l'état; fes richeffes fon exiftence, les négociants fes Gouverneurs naturels & ceux-ci ne méconnoitront jamais ni fes intérêts ni les leurs. Sans les négociants l'état n'exifte plus & l'état florira fans tous ceux qui ne le font pas.

Le Gouvernement de Venife eft un Chef d'œuvre de Politique & s'il s'agiffoit de faire quelques changemens dans le nôtre, en bien des chofes, je le propoferois pour modele. Les Sénateurs ne peuvent avoir aucune liaifon avec les Miniftres étrangers & cette précaution fait avorter les projets de ceux qui chercheroient à ménager avec les puiffances étrangeres des intérêts particuliers. Le Doge & les Sénateurs ne peuvent recevoir ni préfens ni honneurs d'aucun fouverain. C'eft pour ceux qui les acceptent un obligation tacite de reconnoiffance; un lien de reciprocité & un citoyen ne doit rien devoir qu'à fa patrie. On peut regarder les Venitiens comme autant de Décius qui fe font devoués pour l'amour de la patrie, elle eft tout & l'individu n'eft rien.

L'inquifition d'état même toute cruelle & injufte qu'elle paroit eft le grand reffort de la République Vénitienne, elle intimide les nobles, les grands Officiers, le Doge même, & garantit la liberté du peuple. Les Senateurs fans frein, comme fans crainte & fe croyant

audeſſus de la loi, n'auroient, ſans cette puiſſance médiatrice & moderatrice, d'autres regles
que leurs caprices & vexeroient avec impunité.

Helas ! ces reglemens ſages ne ſont qu'un
vœu de mon impuiſſance & de mon patriotiſme :
rentré dans ma Sphere, je n'ai qu'a gémir ſur
les vices de nôtre République qui me ſont connus & à éclairer ſi je puis.

Je dois mettre ſous les yeux de vos hautes
Puiſſances les prétentions de leurs Majeſtes Britannique & très Chretienne, diſcuter les moyens
de leurs Ambaſſadeurs & vous les préſenter avec
le nud de la vérité.

Je ne parlerai point des plaintes que la République auroit eu, ſous d'autres régnes, à for-
mer contre l'Angleterre, des ſervices mutuels
qu'elles ſe ſont rendus ; de l'amitié des Rois
de France, des outrages de Louis XIV : le
paſſé ne ſert qu'a nous prémunir contre les
fautes de l'avenir ; mais il ne peut rien dans la
déciſion du fait qui ſe preſente aujourd'hui. Je
ne diſcuterai point non plus ſi le droit des Américains eſt fondé ſur la juſtice ou non, je ne
dirai pas même s'il nous eſt avantageux de trai-
ter avec eux dans cet inſtant, ou d'attendre
un évenement qui paroit prochain. Le commerce des matures, l'article IV du traité de
1674, qui l'autoriſe ſont aujourd'hui le ſujet
de nos diſcuſſions & je me circonſcrirai dans le
cercle de quelques queſtions qui à cet égard, ſe
préſentent naturellement. Nous eſt-il avantageux de faire le commerce de matures ? Pou-
vons-nous le faire ſuivant l'art. IV, du traité
de 1674 ? Ce traité eſt il abrogé par d'autres
traités ? Quel eſt ſon eſprit ? L'Angleterre ſoui-

fre-t-elle de ce traité? Parce qu'elle dit en souffrir lui es t-il permis de l'annuler & devons nous le souffrir?

Nous-est-il avantageux de faire le commerce de matures?

Plufieurs ecrivains ont dit que le commerce des matures étoit un objet peu confidérable pour les négociants de la République & M. l'Ambaffadeur d'Angleterre a voulu l'infinuer d'après eux: pour démontrer la fauffeté de cette affertion, je n'ai befoin que de reprefenter à vos hautes Puiffances la requête des négociants Frifons. „ *la navigation Frifonne*, ce font eux qui parlent, *roule en grande partie fur le commerce des bois, nos matelots s'en font fait une habitude toute particuliere*" & l'interdiction de ce commerce, ajoutent ils, va jetter *une confufion totale dans toutes les affaires.... cette branche de commerce vers & hors les ports de la baltique fera entierement tombée dans le courant de l'année prochaine.* Une Lettre de M. Swart nôtre Réfident à Petersbourg confirme leurs trop juftes apréhenfions. Les fonds qu'ils ont dans ce commerce, affurent-ils, (& l'on doit les en croire) eft de 20 millions de florins & plus & c'en eft fait de leur fortune, fi la République ne prend la ferme réfolution de les proteger. Vingt Millions ! ô Meffieurs les Auteurs! Je vous demande, fi jamais vous avez vu un fac de mille florins, quel terrein doit occuper une armée de pareils facs, campés par rangs de 10 fois cent mille, fur 20 lignes de profondeur? & dites-moi après fi ce n'eft rien?

Mais quelqu'avantageux que soit ce commerce.

Pouvons nous le faire suivant les traités? le traité de 1674 nous y autorise-t-il? Et les traités posterieurs y ont-ils dérogé?

M. le Duc de la Vauguyon vient de mettre sous les yeux de vos hautes Puissances la légitimité de ce commerce : tout ce que pourrois dire ne vaudroit pas sa harangue éloquente. L'article IV, du traité de 1674 nous autorise formellement. Pourront les parties contractantes, y est-il dit, porter librement à l'ennemi d'une des dites parties de l'or, de l'argent monnoyé, ou non monnoyé, toutes sortes de metaux & des munitions navales, *mali navales, trabes, tabulæ, afferes, ex quibuscunque arboribus &c.* Ce traité ne déroge point à l'article secret de 1674 celui-ci défend la fourniture de vaisseaux, soldats, matelots, instrumens de guerre, poudre à canon, or ces choses ne sont point fournies de nôtre part à l'ennemi de nôtre allié; & si quelques négociants les fournissoient claudestinement, elles seroient réputées de contrebande &, comme telles, saisissables. L'autre traité permet nominativement le libre commerce de mâture, or nous pouvons le faire comme nôtre allié l'a fait avant nous.

En supposant même que l'Article secret de 1674 ait entendu deffendre le commerce de matures par les mots *provisions* & *autre chose nécessaire pour faire la guerre aux ennemis*, le traité de 1674 conclu après lui, spécifie nominativement les mats, agrès, &c. & par conséquent detruit & annulle l'Article secret de 1674

Aucun des traités pofterieurs à celui de 1674 ne déroge à fon Article IV. & s'ils ont ratifié l'Article fecret de 1674, cette ratification ne porte aucune atteinte à celui de 1674 puifqu'ils ne font point contradictoires & que tous deux ont leur plein effet.

Quand ils feroient contradictoires, la ratification des traités pofterieurs n'auroit lieu que pour ce qui ne feroit pas contraire au traité de 1674, puifque celui-ci auroit detruit celui de 1674, & pour faire revivre en fon entier l'Article de 1674, & infirmer celui de 1774, il auroit fallu s'expliquer pofitivement, & que la deffenfe eut été auffi précife que la permisfion.

On n'a rien fait de tout cela, je crois même qu'on n'y a pas penfé; l'article IV, du traité de 1674, eft donc clair & précis & nous autorife fuffifamment à porter des mats & agrès dans tels ports & à telles puiffances que nous le voudrons.

Mais il faut, me dira-t on, féparer ici l'efprit de la Lettre du traité? Il ne faut pas entendre les chofes comme on les dit, il ne faut pas penfer comme on écrit. Quel Galimathias! l'écriture n'eft donc plus la peinture de mes penfées? Je dois donc diftinguer le fens de la raifon? Je dois donc..... morbleu, pour me parler ainfi me prenez vous pour un Albinos ou un Orang-Outang? — Mais je commence à vous comprendre, c'eft Machiavel qui me parle. C'eft le fyfteme de la fauffeté que vous venez m'expliquer, l'art de furprendre, de trahir. Hé bien je vous écoute.

Quel

Quel eſt donc l'eſprit de l'article X du Traité de 1674?

Vous avez oſé le dire, vous avez oſé avouer vôtre jouiſſance de nuire. Charles II nous trompa, ſes Miniſtres nous trompèrent, la nation y ſourit; vôtre magnanimité ſe prevalut de notre détreſſe, vous diĉtates les conditions du traité de 1674 & vous nous forçâtes de les ſigner: Cela n'eſt que trop vrai & je m'en rappelle l'époque avec douleur.

Le 7 Avril 1672 l'Angleterre & la France déclarerent la guerre à nôtre République, les Evêques de Cologne & de Munſter joignirent leurs armes aux leurs; des ennemis plus dangereux encore pourſuivirent la vertu dans le ſein de la République. Louis XIV déſoloit notre territoire, la flotte Angloiſe préparoit une descente au Texel, les entrailles de l'état étoient déchirées, tout s'uniſſoit pour nôtre perte & nous fûmes forcés de rechercher la paix auprès de Charles II: ce Prince peu généreux triompha de nôtre foibleſſe, il nous impoſa des conditions dures & voulut nous rendre fatal juſqu'à ſon amitié.

Sa paſſion étoit ſi dominante qu'elle l'aveugla ſur l'avenir. Il vit les avantages préſents & ne prévit point qu'un jour ils pourroient tourner contre lui: ou s'il le prévit, il compta encore ſur ſon injuſtice, ſa ſupériorité & notre malheur.

Le voilà donc l'eſprit de votre traité, ou celui que vous apportâtes en contraĉtant. Mais croyez-vous que nous n'avons pas contre lui le droit de proteſtation? Tout traité ſans dou-

te eſt fait pour être obſervé ; mais l'impartialité , la juſtice , la bonne foi , la ſincérité
doivent garantir les avantages des parties contractantes: ſi ces vertus ne préſident point à la
confection , ſi le fort y commande au foible ,
le droit naturel proteſte contre lui , l'on briſe
des nœuds forcés ſi tôt qu'on en a le pouvoir.
Hé bien ! nous ne redoutons plus vôtre puisſance , vôtre bras ne peut plus s'appeſantir ſur
nous , nous proteſtons contre l'eſprit qui dicta
le traité de 1674 & nous nous en tenons à la
Lettre claire & preciſe , dont , aujourd'hui ,
nous tirons avantage.

L'influence de Charles II , dites-vous , étouffa la voix des citoyens Anglois zélés pour notre République , mais ils parlerent quand on
conclut le traité de 1678 , les circonſtances ,
moins critiques où ſe trouvoient alors les Provinces-Unies , la conſiſtance qu'elles reprenoient , donnerent du nerf & de la préponderances à leurs discours , & l'on redreſſa , autant
qu'on le pût , les torts dont elles avoient ſouffert ; on dérogea à l'article IV du traité de 1674
dont la teneur étoit préjudiciable aux interêts
de la République , & dans tous les traités qui
ont été ſignés depuis contre l'Angleterre & les
états , ils ont pu reconnoître la ſincérité &
l'amitié des Anglois. Tous ont infirmé le commerce nuiſible des munitions navales.

Non , non , non. Jamais vous n'avez été
ſinceres avec nous , jamais vous ne nous avez
aimés , vous nous aſſez toujours vu avec les
yeux de l'envie: l'article IV du traité de 1674
n'a jamais été abrogé ; vous l'avez vu. S'il ,
l'eut été , vous euſſiez donc été bien perfides

de faire le commerce que vous nous conteftez aujourd'hui durant les guerres que nous avons eu à foutenir pendant plus d'un demi fiécle. Si vous l'avez été, vôtre infraction folemnelle vaut une ratification, une autorifation fuffifan- te. Amis! Dieu! quels amis!

Depuis que Cromwel exigea de notre foibleffe l'acte ruineux de 1651, l'orgueil des Anglois s'eft de plus en plus prévalu de nos conceffions & nous avons vu avec douleur, Guillaume III. oublier fouvent qu'il étoit Stadhouder & ci- toyen. Ce fut pour voir de plus près notre hu- miliation & nous apprendre peut-être à la fouf- frir que, fous fon régne, les deux peuples fu- rent unis. Alliés & combattans pour la mê- me caufe, on fit affeoir nos amiraux au deffous du dernier Capitaine Anglois, comme fi nous euffions été moins braves qu'eux, & Guil- laume le fouffrit & Guillaume étoit notre Amiral.

L'Angleterre dans les principes qu'elle s'eft fait & dans la marche que nôtre facilité a fans doute autorifée, n'a jamais penfé à alléger les fers qu'elle a donnés à nôtre commerce. „Nous réclamerons, pour l'opprimer, s'eft elle dit, les traités que nous lui faifons contracter, & le même pouvoir qui nous fert à la lier, nous fervira de droit pour les brifer & les annuler, fi jamais les circonftances nous le commandent. Le fort eft-il obligé envers le foible? N'eft-ce pas à lui de fixer le jufte & l'injufte? Sa vo- lonté n'eft-elle pas la juftice? Et l'injuftice n'eft-elle pas tout ce qui la contrarie"? Voi- là, HH. & PP. SS. comme l'Anglois a parlé chaque fois qu'il s'eft agi de contracter avec nous, vous en avez la preuve dans l'efprit que fon excellence donne elle même au traité de 1674. Et vous ne pâliſſez pas de colere; & vous avez des bras, des epées & l'on vous dit que vous êtes foibles. Que font donc devenus les amis des Romains, les vainqueurs des Efpagnols? Guillaume, Maurice, de Ruiter, Tromp, Waſſenaar ne font-ils pas vos ancêtres? Etes-vous moins forts, moins puiſſants ou moins courageux qu'autrefois? Non, mes amis, vous n'êtes que découragés & mal Conſeillés. On vous prévient & vous croyez ce qu'on vous dit. On vous dit que vous êtes foibles & vous répondez nous fommes foibles; on vous dit que l'Anglois eſt le Roi de la mer (q) & vous répétez que l'Anglois eſt le Roi de la mer; on vous dit qu'il eſt vôtre ami & vous répondez que cela eſt vrai; on vous dit qu'il faut acheter la paix & vous déliez vos bourfes; on vous dit que la guerre vous ruineroit & vous répétez que la guerre vous ruineroit. Plus de Bonhommie, penfez d'après vous même, ayez l'orgueil d'avoir une opinion, pefez vos interêts dans un trébuchet dont un tiers ne dirigera point le fléau, & vous verrez que vous n'êtes point foibles, que vous n'avez jamais été ſi puiſſants, que vous avez eu l'empire de la mer fans le dire, fans vous en vanter, fans même le croire, que vous en êtes fille, que vos amis

---

(q) Roi de la mer! L'empereur de la lune n'eſt pas plus fou. Les titres font l'aliment de la vanité & la vanité n'eſt pas grand chofe. C'eſt avec la même raifon que le Roi de la Grande Bretagne met la France au rang de fes domaines.

font ceux qui traitent avec vous d'egal à egal, & non ceux qui vous méprifent, qui vous aviliffent & qui croient annoblir vôtre fang quand ils s'uniffent à vous, que l'or, quand il eft le prix de la paix, n'eft qu'un figne de foibleffe; l'aliment de l'orgueil & d'une avarice infatiable. C'eft au fer à repouffer le fer, la force eft le contre poids de la force, & l'ennemi repouffé craint, refpecte & eftime.

Croyez-vous que l'Angleterre fouffre du traité contre le quel elle réclame?

Non. C'eft un prétexte pour autorifer fon injuftice & fa rapacité. Dans toutes les guerres n'a-t-elle point arrêté nos vaiffeaux, & fes Corfaires ne fe font-ils point engraiffés de nos dépouilles? En 1738, durant la guerre d'Efpagne, n'a-t-elle pas cherché mille prétextes pour piller nôtre commerce? Ne l'a-t-elle pas fait, quand nous lui fourniffions dix vaiffeaux auxiliaires & fa conduite ne nous obligea-t-elle pas de fupprimer ces fecours? Corfaires par inftinct, il faut des proyes à leur avidité; ennemis de l'efpèce humaine, d'eux-mêmes, il fe voleroient entre eux fi nos richeffes ne leur offroient, de plus riches efpérances.

Si le fouvenir du paffé n'eft point une preuve fuffifante, prenons-en dans le fait même pour demontrer l'innocuité du commerce des mâts.

Faifons-nous avec les François un commerce exclufif. Les Anglois n'ont-ils pas fur nos marchandifes le même droit qu'eux, quand ils voudront y mettre le prix, & la préférence quand ils les acheteront plus cher? Quand nous ne fournirions point à la France de munitions navales, n'auroit elle pas d'autres moyens pour se les procurer? Nous les tirons du Nord, & la Suéde & le Dannemark de qui nous les achetons & qui sont moins foibles que nous (r), ne les transporteroient-ils pas eux mêmes dans les ports de France, où les François n'iroient-il pas les chercher dans les leurs?

L'intention de l'Angleterre n'est donc visiblement que de chercher une excuse à piller nôtre Marine Marchande, de s'aproprier pour rien ou à vil prix la munitions navales qu'il leur est plus facile de prendre que de payer leur valeur. Qu'on ne vienne point m'opposer le coloris de justice dont ce brigandage est glacé. On rend un vaisseau entre cent autres qu'on garde & l'on a soin d'en faire retentir tous les papiers publics. Mais la fraude perce à travers cette ostentation. Doit-on être juge dans sa propre cause? Doit-on estimer soi-même les marchandises que l'on s'adjuge? *deux négociants impartiaux, dit-on, ont estimé la cargaison,* beaux mots qui n'abusent que les plus crédules. L'impartialité consiste à deffendre & accorder le prix d'une marchandise quelconque avec son propriétaire auquel seul il appartient d'y mettre le prix. L'homme le plus juste peut-il se flatter de l'être, quelques soient ses connoissances, quand il estimera une marchandise qu'il n'a point achetée & dont le prix varie à chaque marché, qui peut par diverses circon-

---

(r) Ils font escorter leur Marine marchande.

ſtances, avoir fait des frais , & des depenſes extraordinaires ? L'impartialité prétendue des négociants n'eſt donc qu'une pure Charlatanerie inventée pour accréditer l'injuſtice. Dans tous les procès faſtueux de l'amirauté de Londres, le proprietaire eſt purement paſſif, le fiſc, les Procureurs, les Avocats, les Douaniers, les Aubergiſtes jouent ſa dépouille, & trois Procès gagnés ſuffiſent pour ruiner le plus riche négociant. Si le fléau de la juſtice dirigeoit la conduite des Anglois, auroient-ils refuſé la reviſion politique de leurs jugemens ? Demande autoriſée par l'article XII du traité de 1674, article qu'ils n'cnt point dit encore avoit été annulé ; mais qu'il refuſent d'admettre parce que les loix de leur royaume ne permettent pas une telle reviſion. Ils ſont trop grands pour garder leur foi, & les traités feront deſormais ſubordonnés à leurs convenances & à leurs loix interieures.

Croyez donc, hauts & puiſſants Seigneurs, que nous ſommes ſeuls à ſouffrir, & le commerce de mâtures eſt peut-être plus profitable à l'Angleterre qu'à nous, puiſqu'elle lui fournit le pretexte de nous dépouiller.

Mais quand elle ſouffriroit de ce commerce, quand elle ſouffriroit du traité de 1674, a-t-elle le droit de l'enfreindre, peut-elle l'annuler de ſon autorité, & ſurtout devons nous le ſouffrir.

Les traités ne ſont-ils que jeux d'enfans ? La vertu n'eſt-elle plus qu'un vain nom ? Les hommes ont mis entre eux la puiſſance & la grandeur pour ſe diſtinguer ; mais la puiſſance

& la grandeur ne doivent être que des modifi-
cations de la vertu, & le plus vertueux est seul
le plus grand. L'homme ne peut être au dessus de la loi, car il n'a point fait la loi, c'est
à dire la justice. Il l'a trouvée dans son cœur
& l'être suprême qui l'a formé l'a gravée également dans celui de l'Indien paisible, du bouil-
lant Africain, du stupide Albinos, du sublime
Newton, du colossal Magellanien & de
l'homoncule Lapon.

Quand les hommes se formerent en société,
ils chargerent les plus sages d'entre eux qui
étoient les plus vieux de veiller au maintien
de ces loix, car il est toujours des perturba-
teurs; & ce qu'on a depuis appellé le souverain
tient originairement son pouvoir de son sembla-
ble. L'oubli des devoirs, l'ambition ont trouvé le
droit de la force & la force a dit que son droit étoit
divin & qu'elle le tenoit directement du ciel:
mais le droit divin & celui de la force sont des
blasphêmes contre la nature & des mensonges
inventés par les tyrans & les suppôts de l'erreur. Puisse la clarté dessiller tous les yeux!
Puisse la tyrannie expirer sur les fers brisés de
l'esclavage! Puisse une guerre universelle s'éle-
ver entre les esclaves & les maîtres, & ne finir
qu'après qu'il ne restera plus de monstres pour
faire injure ou de malheureux pour la souffrir.

Il n'y a de sacré que le contract social & celui qui l'enfreint se parjure, en se liant, il a
prononcé sa peine. Je n'entends point parler
ici des sociétés particulieres. J'embrasse tous
les hommes qui couvrent le globe dont les sociétés partagées font des mailles de la grande
chaîne qui s'étend d'un pole à l'autre. La ju-

ftice eft pour tous ceux qui la refpectent, elle n'eft que contre ceux qui la violent, les loix livrent au glaive des bourreaux l'individu qui les transgreffe, & les nations vengent l'injuftice dans le fang des nations parjures. Dans les fociétés privées on arme un feul homme contre un autre, dans la grande famille, le peuple offenfé s'éleve contre l'aggreffeur & la guerre entreprife d'après ces principes eft toujours jufte & rarement malheureufe. Un Anglois, homme d'un grand fens l'a dit avant moi, fon excellence Sir Yorke le connoit, „la fincérité & l'honneur, difoit Lord Stormond, font les bafes de la vraie fageffe politique, & une guerre commencée par la trahifon & au mépris des traités, finit par la disgrace & par la defaite" (s).

Un particulier ne peut juger le fait où fon interêt le lie, & un peuple & l'Anglois s'attribuera ce droit, comme fi un crime ceffoit d'être crime par ce qu'il eft le crime de plufieurs. Ouvrez, lifez votre code que vous fermez hors de vôtre Ifle, & vous y verrez que tout homme doit être jugé par fes pairs. Croiriez-vous n'en point avoir? Choiffiffez des Souverains. Remettez vôtre caufe à leur médiation & nous foufcrirons à leur décifion. Mais quand vous méconnoîtrez le refpect dû aux traités, quand vous voudrez vous arroger le droit de les faire & défaire à vôtre gré, quand vous enfrein-

---

(s) Quel abus on peut faire des mots, l'Auteur de l'avis à l'Auteur de Lettre d'un bon patriote &c. s'eft approprié cette belle Sentence.

drez le contract focial, non tant encore les traités que nous avons fignés avec vous, que celui de la juftice qui unit tacitement tous les hommes, j'ai dit le mot, la force eft nôtre recours, la guerre nôtre deffenfe, la nature nôtre droit & nos témoins feront la terre entiere.

Mes amis, ce mot vous fait pâlir, le feul nom de guerre vous intimide, elle eft loin encore & je ne bleffe point vos vues de neutralité. Daignez m'entendre, ma voix n'eft point un cri de guerre ni la trompette qui la déclare. Je ne veux que la fermeté; & la fermeté eft le plus fûr gurand de l'état neutre où vous voulez demeurer.

HH. & PP. SS. chers concitoyens, rappelez vous les paroles mémorables qui en 1726 fervirent de réponfe à l'Ambaffadeur d'Efpagne qui exigeoit de vous une injuftice, elle eft digne d'un peuple libre. ,, De l'obfervation & de l'éxécution des traités dépend toute la fureté que les Princes & les états ont les uns à l'égard des autres, & l'on ne pourroit plus compter fur des conventions à faire, fi celles qui font faites n'étoient point maintenues''. Vous dites, & l'affurance de vôtre fermeté foutînt vos droits & entretînt la paix.

Vous n'eutes pas tous les fuffrages, je le fais; il fut de tous tems dans l'état un parti contre l'état, il exifte encore. Des perfonnes intéreffées à foutenir l'influence du gouvernement Anglois fe font une loi de déconcerter tous les projets utiles, d'entretenir les lenteurs ennemies des refolutions, de compromettre même les états généraux. On le fait actuellement & la juftice & l'honneur vous font une loi, HH.

& PP. SS. d'interpofer vôtre autorité. Des Confeils infidieux portent certains négociants vos fujets à armer encore contre la France, après s'être muni de Lettres de marques Angloifes *(t)*. Ces demarches hoftiles que l'aveuglement, la haine où l'avarice ont pu feuls confeiller, entraînent les conféquences les plus dangereufes pour la République & ne tendent à rien moins qu'à aliéner la France, à faire pencher la balance d'égalité que nous voulons maintenir entre elle & l'Angleterre, & à nous reduire au malheur de choifir nos oppreffeurs.

Vous m'avez choifi pour mettre la vérité à vos pieds & je dois achever la tâche glorieufe que vous m'avez donnée. Il n'eft d'autre moyen pour foutenir notre honneur & conferver nos fortunes que de faire refpecter notre pavillon & de protéger nos flottes marchandes, & jufqu'à ce qne nôtre marine foit fur le pied de fplendeur où nous devons la porter, il faut vous en tenir à l'armement provifoire de trente deux vaiffeaux, refultat des refolutions commifforiales prifes par vos hautes Puiffances le 15, 16 & 18 Septembre de l'année derniere. D'ailleurs cette protection pour la marine marchande eft méritée par le double payement du droit de left & de vente que les négociants d'Amfterdam ont acquité.

(t) Un placard de leurs hautes Puiffances en date du 7 Mai defend, fous des peines grieves, ces manœuvres clandeftines, vifiblement attentatoires à la neutralité qu'elles veulent conferver. Elles en avoient déjà rendu de pareilles le 27 Juillet 1626 & le 26 Avril 1653, dans des ci. conftances femblables.

Tous les corps de l'état qui sentent l'utilité du commerce, HH. & PP. SS. vous parlent par ma bouche. Mon impartialité ne veut donner de préférence à aucun peuple étranger. Je suis citoyen & je ne connois que ma patrie, ses ennemis sont les miens & je cheris ses amis. Son honneur est le mien ; ses interêts sont les miens, & je me plais à croire que tous les membres de l'état devant qui j'ai l'honneur de plaider ne sont distraits par aucune autre vue.

On prie M. M. les Ambassadeurs de passer dans une autre Chambre pendant la déliberation. Quand ils sont sortis, M. le S.... se leve & Parle.

O Politique, science funeste des Souverains ! faut-il que celui qui te posséde le mieux soit le plus grand, & que le plus grand soit le plus faux de tous les hommes ? Quand j'entendis ta premiere leçon, mon cœur te repoussa avec horreur, l'art de tromper, m'ecriai-je, peut-il être celui de gouverner ? Les Souverains, l'image vivante de la divinité, les peres des peuples, les amis des hommes, peuvent-ils se faire au jeu continuel de dresser des embûches, de surprendre & de sacrifier, à cet art abominable, le sang & les biens de leurs peuples qui sont leurs enfants, la plus chere partie d'eux-mêmes ? — Oui, me dit-on, & ils le font de sang froid — reculez, tout mon corps frissonne, non je n'apprendrai jamais cette horrible science — vôtre cœur est pur & cette horreur fait son éloge ; mais écoutez : toute arme est offensive ; mais il est libre à celui qui la porte de

ne s'en fervir que pour fa deffenfe. Il en eft
de même de la politique; on peut l'apprendre,
non pour tromper, mais pour ne pas l'être : vous
êtes né, m'ajouta-t-on, pour être chef d'une
République floriffante, peut-être même vos deftinées vous refervent-elles à occuper le trône,
le fang royal coule dans vos veines. Si vous
aimez vos peuples, il faut favoir les protéger
contre des voifins fubtils & entreprenants qui
ne s'occupent que des moyens de nuire. On
peut être grand politique & ne pas ceffer d'être
vertueux ; mais le Prince qui ne feroit que
vertueux fans être politique·, feroit un agneau
au milieu des loups , & fa famille & lui devien-
droient la proye de leur dent meurtriere. La
politique eft un malheur néceffité par la corruption des hommes & le fort nous oblige à vi-
vre avec eux tels qu'ils font. Si les peuples
que vous gouvernerez vous font chers, aprenez
donc à les deffendre, ou vôtre vertu tranquille ferait leur malheur & vôtre crime.

O mes concitoyens! mon cœur fe déchira à
ces derniers mots, je m'abandonnai à mon maître; j'etudiai, en maudiffant les hommes, l'art
de me méfier d'eux. Je l'ai appris cet art;
mais le ciel m'eft temoin que mon cœur a toujours été droit, ma bouche toujours vraie avec
mes amis, ceux de ma patrie & les hommes
qui n'ont point voulu me tromper.

Les circonftances où fe trouvent la République m'ont forcé de diffimuler la vérité, j'ai ufé
de politique.

Illuftres chefs, plufieurs, parmi vous, m'ont
foupçonné de favorifer l'Angleterre, ils m'ont
cru même, au fein des interêts de l'état, des

interêts privés , ils ont autorifé des Auteurs méchants à écrire que je ménageois pour mes enfans l'alliance du Roi de la Grande Bretaragne, qu'il m'avoit féduit par les honneurs. Mon cœur a faigné, mes yeux fe font mouillés de larmes. O ma patrie ! me fuis-je écrié, vous ne connoiffez pas le cœur que vous déchirez.

Le tems n'étoit point encore venu de montrer tout entiere cette ame qu'on outrageoit, la précipitation eut tout trahi, j'ai dévoré l'injure dans le filence ; mon cœur me reftoit, je le connoiffois pur, il adouciffoit mes chagrins.

Enfin le jour éclaire où je puis révéler mes idées & les porter, illuftres chefs, à vôtre tribunal. Puiffe leur fuccès me dédomager de ce que j'ai fouffert & me faire recouvrer vôtre confiance que je n'ai jamais déméritée ! Ecoutez moi.

Le but que je me fuis propofé & le feul que je croye convenable, c'eft d'entretenir l'harmonie entre notre République & les cours de France & d'Angleterre. De ce concert dépendent notre tranquilité & la profpérité de notre commerce. La pofition de notre territoire nous réduit au malheur de la dépendance & à la néceffité de flatter nos voifins. Nous nous fommes trouvés dans la derniere guerre expofés aux inconveniens contre lefquels nous avons à lutter aujourd'hui , & la fageffe de ce confeil fut, en ménageant deux puiffances formidables, s'enrichir de leurs dépouilles.

L'univers fpectateur dit hautement que les Anglois & les François avoient fait la guerre pour notre profit & l'embleme de l'eftampe que l'on vendoit à Londres éclairoit les moins inftruits (*u*). Conduifons nous avec la même modération & emplifons nos coffres. Nous fommes citoyens du monde, mes chers amis, pauvres par nôtre fol, il nous a fallu mettre un impôt volontaire fur toutes les nations, nous avons fu leur faire un befoin de commercer avec nous, nous leur fommes utiles, mais nous ne pouvons nous diffimuler que le befoin que nous avons d'elles eft encore plus preffant. Soyons fages & profitons de leurs fottifes.

Cette foiffion apparente dans le confeil eft de la politique la plus adroite, c'eft cette politique qui nous a fauvés dans les plus grandes détreffes, & ce qui paroit un mal aux yeux de ceux qui ne peuvent ni ne doivent la percer eft le grand reffort de l'état & le garand de fa durée. L'Ambaffadeur de France l'a faifie dans fon plaidoyer. Si nous euffions éconduit l'Angleterre, nous nous en faifions une ennemie & nôtre marine en fouffroit; fi nous lui euffions tout accordé, la France irritée fe feroit portée à des moyens violens. Les efpérances que nous laiffons à l'une & à l'autre, le partage qu'elles apperçoivent dans les fentimens du confeil, les idées flatteufes qu'elles conçoivent de cette divifion, éloignent donc les vues hoftiles que nôtre exiftence précaire pourroit leur donner, & elles efperent avec le tems, fe renforcer de notre peril ou au moins de notre argent

---

(*u*) On grava une eftampe à Londres où l'Angleterre étoit reprefentée fe difputant une vache avec la France, celle-ci la tiroit par la queue, fon ennemie par les cornes & la Hollande la trayoit patiemment.

c'eſt le plus grand bonheur qu'ils nous croient foibles, la foibleſſe n'inſpire point de défiance & elle marche à ſes fins à l'abri de la ſécurité. Jugez en par nos ſuccès. Notre politique nous a valu dans les ports de France une diminution conſidérable de droits &, toute la République ne pouvant en profiter, j'ai ſu, ſans me découvrir, faire tomber ces avantages ſur la ville la plus commerçante. Les autres ont paru ſacrifier à la diviſion des chefs; mais leurs négociants ont armé, par commiſſion, dans le port d'Amſterdam, ils n'ont que peu ou point perdu, & le refus que les états ont fait juſqu'ici de proteger ouvertement le commerce a retenu l'Anglois, a ſauvé pluſieurs autres navires dont il ſe feroit encore emparé & en a fait rendre quelques uns qu'il eut gardés.

Continuons donc comme nous avons commencé, que la partie des négociants ſemble reſter attachée à la France & la nobleſſe & moi continuerons de paroître pencher pour l'Angleterre. Quand les Ambaſſadeurs ſeront rentrés, je vais faire un beau discours tendant à perſuader aux états qu'il faut attendre pour convoyer la marine marchande, que la République ſoit dans un état complet de deffenſe, que ſes forces de terre ſoient portées à 50 ou 60 mille hommes & le nombre de ſes vaiſſeaux à 50 ou 60, que juſques là vous devez ſuspendre les convois. Un de vous va ſe lever pour me répondre & ne manquera point de bonnes raiſons à m'oppoſer, on va aller aux voix, on va baloter longtems & la pluralité ne va l'emporter que d'une ſeule, l'armement proviſoire de 32 vaiſſeaux ſera cependant decidé. Demain un
par‑

partie du corps de la nobleſſe proteſtera contre cette reſolution, ce qui fera un très-bon effet : mais la proteſtation ſera nulle ; parce qu'elle réquiert l'unanimité, parce qu'il faut proteſter ſur le champ, parce qu'en un mot la proteſtation ſera evidemment contraire à la ſureté, à l'honneur & aux interêts de la République (*v*).

On promettra au Chevalier Yorke qu'on s'en tiendra à l'armement proviſoire & que les lenteurs en retarderont l'effet (*w*), que les Capitaines n'auront point d'ordres de ſévérité ; en revanche on exigera qu'il demande à ſon Roi plus de ſureté pour nos vaiſſeaux.

Les navires chargés de munitions navales feront exactement convoyés & leur bonne contenance intimidera l'Anglois. On laiſſera viſiter ceux qui ne feront chargés que de marchan-

---

(*v*) Ce fut dans l'Aſſemblée Provinciale de Hollande tenue le 10 Mars que S. A. S. propoſa le retardement des convois : & ce fut le 30 du même mois, dans l'Aſſemblée des états de la même Province que l'armement proviſoire, d'après la réſolution des mêmes états du 26 Janvier, adoptée par les états-généraux le 28, fut réſolu à la pluralité de 10 voix contre 9 : ce fut le lendemain que la moitié du corps des nobles proteſta : les états généraux n'ont donné la ſanction a toutes ces réſolutions que le 26 Avril. Les états de Weſt Friſe avoient pris la leur le 22 : mes plaidoyers n'étant qu'une fiction, j'ai cru pouvoir me débaraſſer des entraves du tems & du lieu, n'importe au lecteur à qui d'ailleurs j'ai eu ſoin de ne preſenter que des faits vrais.

(*w*) Voyez la requête des négociants d'Amſterdam aux états généraux du 19 Mai : l'amirauté, ſans avoir égard à la réſolution du 26 Avril, priſe après celle du 20 Janvier, laquelle annuloit la réſolution du 19 Novembre 1778 qui excluoit les bois de conſtruction du droit d'être convoiés, leur a répondu qu'elle n'avoit pas reçu d'ordre d'accorder des convois illimités.

difes innocentes & les Capitaines de notre marine de guerre , fermeront à l'écart , les yeux
fur cette témerité , pour l'honneur de nôtre
pavillon & l'entretien de la bonne intelligen-
ce. Non obftant, on laiffera à la rapacité des
Corfaires quelques méchants navires chargés de
pommes de terre pour les tenir en haleine.

D'un autre côté la Province de Hollande fol-
licitera auprès du Roi de France les priviléges
dont jouiffent les négociants d'Amfterdam &
de Haarlem pour les villes de Dort, de Rotterdam & quelques autres , en reconnoiffance
du parti vigoureux que nous aurons pris contre l'Angleterre, & s'il nous refufe comme
quelques uns le foupçonnent , on renforcera
dans le confeil le partie de la Grande Brétta-
gne, on laiffera emmener dans fes ports quelques bâtimens chargées de matures deftinées
pour la France, ou par quelqu'autre manœu-
vre artiftement conduite, on l'amenera au but
que l'on fe propofe.

Enfin fi le Roi d'Angleterre vouloit entrer
en lice de générofité avec fa Majefté très chretienne comme fon Ambaffadeur a voulu l'infinuer dans fon mémoire du 9 Avril & qu'il ac-
cordât quelques privileges à des villes de nos
états (ce que je n'ofe pourtant pas efpérer),
il ne nous refteroit rien à defirer, & cet eve-
nement feroit le chef d'œuvre de la politique.
Cette idée préfente de grandes difficultés; mais
c'eft une raifon de plus pour nous engager à
la fuivre.

Voilà, illuftres chefs , ce que j'avois à vous
dire, je vois, avec raviffement, que mon ame
paffe dans les vôtres, que mes idées vous éclai-

rent d'un feu nouveau : mais fongez que nos
fuccès tiennent au plus grand fecret, c'en eft
fait fi l'on vient à nous pénétrer. Fermez vos
cœurs avec un mur d'airain & ne montrez que
vos vifages. Le François a des yeux de linx,
il eft faconné au détours, à l'efpionage, toujours careffant, il attefte fans ceffe l'amitié qu'il
ne connoit pas ; fes amorces font féduifantes
pour des hommes vrais ; mais gardez vous en
bien. L'Anglois, au contraire, fier, orgueilleux, eft plein de lui même, lui feul s'occupe, il croit être feul dans l'univers & l'univers fait pour lui feul, il eft facile à perfuader,
flattons le, mais fans baffeffe, il hait & méprif-
fe les efclaves & les traitres: decidez & faites
rentrer les Ambaffadeurs.

*M. le S... fe tût ; & l'enthoufiafme temoigna la joye
& la reconnoiffance de l'affemblée, ceux qui lui font
les plus attachés pleurerent d'attendriffement. On
pria leurs exellences de rentrer. M. le S... parla,
comme il l'avoit promis, & avec l'apparence de tant
de vérité que plufieurs, quoique prévenus, le cru-
rent de bonne foi, ce qui fait le plus grand éloge de
fon amour fincère pour la patrie; la deliberation fut
tumultueufe, cependant les convois & l'armement provifoire furent décidés à la pluralité d'une voix. M.
le C.... N.... voulut s'emporter ; mais on le tira à
l'écart & on lui parla fi bien qu'il ne fit point de
bruit, il s'en alla content & invita un grand nombre
des membres de l'affemblée à une fête qu'il donnoit à
quelques jours de là. M. le D... de la V..... étoit
radieux de gloire & fe tint de ce moment, pour le premier des Miniftres Plenipotentiaires. Il fortit, à ferra
la main à chacun & fit même beaucoup de compliments à
M. le S..., & tous fe feparerent en étouffant de rire.*

F I N.

I